区块链108问

一本书让你读懂区块链

荆 涛 ◎著

民主与建设出版社

·北京·

© 民主与建设出版社，2019

图书在版编目（CIP）数据

区块链108问/荆涛著. -- 北京：民主与建设出版社，2019.1

ISBN 978-7-5139-2004-9

Ⅰ.①区… Ⅱ.①荆… Ⅲ.①电子商务—支付方式—问题解答 Ⅳ.①F713.361.3-44

中国版本图书馆 CIP 数据核字 (2018) 第 295361 号

区块链108问
QUKUAILIAN108WEN

出 版 人	李声笑
著　　者	荆　涛
责任编辑	周佩芳
封面设计	李尘工作室
出版发行	民主与建设出版社有限责任公司
电　　话	（010）59417747　59419778
社　　址	北京市海淀区西三环中路10号望海楼E座7层
邮　　编	100142
印　　刷	三河市国新印装有限公司
版　　次	2019年3月第1版
印　　次	2019年11月第2次印刷
开　　本	710×1000mm　1/16
印　　张	13
字　　数	220千字
书　　号	ISBN 978-7-5139-2004-9
定　　价	48.00元

注：如有印、装质量问题，请与出版社联系。

| 前 言 |

　　区块链和比特币是 2018 年的热门话题。比特币方面，甚至连其发明人中本聪也成了 2018 年美国《时代》周刊年度人物的有力竞争者；在 2018 年 1 月召开的达沃斯世界经济论坛上，各国首脑和商界领袖讨论最多的就是区块链。

　　对于普通大众来说，在没分清比特币和区块链的时候，很容易被冲昏头脑：要么一股脑儿杀进币圈，高价抢购各种虚拟数字货币；要么冲进资本市场，一看到区块链概念的股票，就掏钱购买；要么待在各种论坛、峰会上，一头雾水地听台上一群自己也没怎么搞清楚的嘉宾在大谈特谈区块链……

　　那么，究竟什么是区块链呢？有人认为区块链是一种数据结构，能够用数字方式进行识别和跟踪交易，还能通过计算机的分布式网络共享这些信息，创建分布式信任网络；有人认为区块链提供的分布式账本技术，为追踪资产的所有权和资产转移提供了透明和安全的手段……但这些解释并不能满足我们对区块链的好奇心。

　　区块链是个相当晦涩难懂的概念，而多数"区块链科普教程"都充斥着大量的技术术语和底层原理介绍，不适合没有技术背景的人阅读。作为一本轻松有趣的区块链科普读物《区块链 108 问》很好地解决了这个问题。

《区块链108问》全面解答了区块链的众多问题，比如区块链和比特币的发展历史、比特币的特点与运行原理、区块链转账原理、区块链产业链上中下游的运作、区块链资产的特点、区块链的技术原理、区块链扩容和分叉、区块链项目分类及应用等。该书不仅将晦涩难懂的抽象概念转化为108个问题并做了解答，还延展出许多与各问题密切相关的知识点，让区块链的形象更全面。通过这108个问题，读者能轻松了解区块链和比特币。

　　通常，一个没有技术背景的人，如果想自学这些知识，想大致搞清楚区块链的技术基础、运行原理、过往历史和生态系统，往往需要花一两个月的时间。《区块链108问》的目的，就是将这一两个月缩短为一两周，让读者在阅读本书的过程中就能形成对区块链的基本认识框架。

　　为了方便不懂技术的朋友阅读，《区块链108问》尽可能少用术语，力争用通俗易懂的语言，还原区块链的幕后机制。

目录

第01章 区块链和比特币的发展历史

001. 区块链和比特币是什么关系？/ 2
002. 区块链的发展历史与未来趋势是什么？/ 3
003. 区块链 1.0、2.0、3.0 的特点是什么？/ 6
004. 区块链的五个基本特征是什么？/ 7
005. 区块链类型的划分有哪些标准？/ 9
006. 区块链的技术创新与应用有哪些？/ 12
007. 世界各国对区块链资产的态度如何？/ 15
008. 比特币产生的原因和动机是什么？/ 19
009. 比特币"白皮书"是如何诞生的？/ 20
010. 第一个比特币是如何诞生的？/ 22
011. 比特币创始人中本聪究竟是谁？/ 23
012. 中本聪的继任者是谁？/ 24
013. 密码朋克邮件组是什么？/ 25
014. 什么比萨居然能卖到 3 亿元？/ 27
015. 比特币水龙头是什么？/ 28

第02章 比特币及其特点与运行原理

016. 什么是比特币？/ 32

017. 比特币有哪些优点？/ 33

018. 比特币有哪些缺点？/ 34

019. 比特币为什么价格波动大？/ 36

020. 各国对比特币有哪些主要观点？/ 37

021. 比特币和Q币有哪些不同？/ 38

022. 比特币与传统货币的区别是什么？/ 40

023. 如何杜绝比特币的非法用途？/ 42

024. 如何保障比特币的安全性？/ 44

025. 比特币的交易原理是什么？/ 45

026. 新手如何试水比特币交易？/ 47

027. 比特币地址、公钥、私钥都是什么？/ 49

028. 比特币节点是什么？/ 50

029. 比特币的数字签名是什么？/ 52

030. 比特币总量为何是恒定的？/ 53

031. 交易的输出和输入是怎样的？/ 55

032. 比特币怎么记账？/ 57

033. 比特币怎么转账？/ 58

034. 比特币转账需要付手续费吗？/ 59

035. 从发出交易到矿工打包需要几步？/ 61

036. 比特币的找零机制是怎样的？/ 62

第03章 区块链转账原理

037. 区块链关键技术及运作原理是什么？ /66
038. 建立区块链信用系统需要哪些步骤？ /69
039. 区块链转账流程需要哪些步骤？ /70
040. 区块链技术支付转账有哪些优势？ /71
041. 区块链技术处理汇款有哪些优势？ /73
042. 什么是区块链公开的分布式记账？ /74
043. 如何保证用户有足够的余额？ /76
044. 区块链转账为什么能按字节收费？ /77

第04章 区块链产业链上游——挖矿

045. 区块链挖矿到底在挖什么？ /80
046. 比特币挖矿机及其特点是什么？ /81
047. 比特币挖矿机是如何进化的？ /82
048. 比特币挖矿机有哪些工作步骤？ /84
049. 如何将挖矿机接入比特币矿池挖矿？ /85
050. 什么是比特币的矿场？ /87
051. 比特币矿池及原理是什么？ /88
052. 算力究竟是在计算什么？ /90
053. 竞争记账是什么？ /93

第05章 | 区块链产业链中游——交易

054. 为什么要投资区块链资产？ / 96

055. 场内交易是什么？ / 98

056. 场外交易是什么？ / 98

057. 如何理解 DEX 的安全性？ / 101

058. 币币交易是什么？ / 103

059. 量化交易是什么？ / 105

第06章 | 区块链产业链中游——存储

060. 比特币钱包的基本功能是什么？ / 110

061. 何为冷钱包、热钱包、全节点钱包、轻钱包、中心化钱包？ / 111

062. 各类比特币钱包的安全性特点是什么？ / 113

063. 比特币钱包的选择及使用注意事项是什么？ / 117

第07章 | 区块链产业链下游——支付

064. 区块链是如何变革金融支付的？ / 120

065. 区块链改变移动支付有哪些优势？ / 121

066. 区块链何以重新定义企业支付？ / 123

067. 比特币可以用于支付吗？ / 125

068. 比特币支付有哪些优势？ / 127

069. 支持比特币支付的商品有哪些？ / 128

第08章 区块链到底长什么样？

070. 区块链技术有哪些时间节点及成果？ / 132

071. 为什么说区块链是制造信用的机器？ / 135

072. 区块是如何连接成区块链的？ / 137

073. 区块数据的相关定义有哪些？ / 138

074. 为什么说最长区块链才是正确的区块链？ / 140

第09章 区块链资产都有哪些特点？

075. 如何理解区块链资产"全球流通"的特点？ / 144

076. 如何理解区块链资产"匿名性"的特点？ / 144

077. 如何理解区块链资产"去中心化记账"的特点？ / 145

078. 如何理解区块链资产"不可复制"的特点？ / 146

第10章 区块链的技术原理

079. 区块链的共识机制是什么？ / 148

080. 工作量证明机制（POW）是什么？ / 149

081. 权益证明机制（POS）是什么？ / 151

082. 股份授权证明机制（DPOS）是什么？ / 153

083. 哈希算法是什么？ / 154

084. 零知识证明是什么？ / 156

085. 非对称加密算法是什么？ / 158

第11章 区块链扩容和分叉

086. 区块链为什么要扩容？ / 160

087. 区块链究竟该如何扩容比较合适？ / 161

088. 区块链扩容方式有哪些？ / 162

089. 区块链扩容最佳解决方案是什么？ / 164

090. 区块链分叉机制是什么？ / 166

091. 软分叉和硬分叉是什么？ / 167

092. 重放攻击是什么？ / 169

093. 如何防范重放攻击？ / 170

第12章 区块链项目的分类及应用

094. 莱特币是什么？ / 174

095. 新经币是什么？ / 175

096. 达世币是什么？ / 176

097. 门罗币是什么？ / 177

098. 大零币是什么？ / 178

099. 以太坊是什么？ / 179

100. EOS 是什么？ / 180

101. CZR 是什么？ / 181

102. Augur 是什么？ / 183

103. Golem 是什么？ / 184

104. 泰达币是什么？ / 184

105. DigixDAO 是什么？ / 186

106. 区块链生态现状如何？ / 187

107. 如何判定区块链项目的价值？/ 190
108. 如何正确地看待"区块链+"？/ 191

后记 / 194

参考资料 / 195

| 第01章 |

区块链和比特币的发展历史

　　区块链是比特币的底层技术，比特币是区块链的一种应用。本章主要解答区块链和比特币的发展历史的相关问题，诸如区块链的发展历史与未来趋势、区块链的特点及基本特征、区块链的技术创新与应用、各国对区块链资产的态度，以及比特币产生的原因和动机、比特币白皮书的诞生等问题。虽然区块链和比特币现在是热门词汇，任何跟区块链沾边的概念都被渲染得极为神秘，但要估算它的真正价值，首先需要了解上述问题，然后才能把它放到历史长河里去，看看它经不经得起更长时间的考验。

001. 区块链和比特币是什么关系？

区块链技术是比特币的底层技术，火币网、清华大学五道口金融学院互联网金融实验室、新浪科技等联合发布的《2014—2016年全球比特币发展研究报告》中提到，区块链是比特币的底层技术和基础架构。

比特币是区块链的第一个应用，其交易信息都被记录在一个去中心化的账本上面，每个账本就是一个区块。如果把区块比作一个实物账本，那么每个区块就相当于账本中的一页，比特币网络每10分钟就会生成一张新账页，记载这10分钟的交易信息。各区块之间依据密码学原理，按时间顺序依次相连，形成一个链状结构，就是所谓的"区块链"。

物理学家、日裔美国人中本聪曾经发表过一篇名为《比特币：一种点对点的电子现金系统》的论文，详细阐述了对于电子货币的新构想。从此以后，国内外各大金融机构争相对比特币底层技术区块链进行研究，同时寻求区块链技术的实际应用。因此，从某个角度来看，比特币是区块链的第一个应用，而区块链更类似于TCP（Transmission Control Protocol，传输控制协议）、IP（Internet Protocol，网络之间互联的协议）等底层技术，二者相辅相成，没有区块链技术就不会有加密货币，反之亦然。

002.
区块链的发展历史与未来趋势是什么？

区块链是由一系列技术实现的全新去中心化经济组织模式，诞生于2009年，2017年成为全球经济热点。为了便于理解区块链的历史与未来趋势，可以将其发展划分为六个阶段。

阶段1：技术实验阶段（2008—2009年）

比特币创始人中本聪2008年11月1日发表了一篇名为《比特币：一种点对点的电子现金系统》的论文。2009年1月3日，比特币系统开始运行。支撑比特币体系的主要技术有哈希函数、分布式账本、区块链、非对称加密、工作量证明等，这些技术构成了区块链的最初版本。从2008年到2009年年底，比特币都处在一个极少数人参与的技术实验阶段，相关商业活动还未真正开始。

阶段2：极客小众阶段（2010—2012年）

2010年2月6日诞生了第一个比特币交易所，5月22日有人用1万个比特币购买了两个比萨。

2010年7月17日，著名比特币交易所Mt.Gox成立，标志着比特币真正进入市场。可是即便如此，能了解到比特币从而进入市场参与比特币买卖的主要是狂热于互联网技术的极客们。这些极客在Bitcointalk.org论坛上讨论比特币技术，在个人计算机上挖矿获得比特币，在Mt.Gox上买卖比特币，仅用了4年时间，有些人就成了亿万富翁和区块链传奇。

阶段3：市场酝酿阶段（2013—2015年）

2013年年初，1比特币的价格是13美元。

3月18日，金融危机中的塞浦路斯政府关闭了银行和股市，推动了比特币价格的飙升，4月达到最高，为266美元。

8月20日，德国政府确认比特币的货币地位。

10月14日，中国百度宣布开通比特币支付。

11月，美国参议院听证会明确了比特币的合法性。

11月19日，比特币的单价达到1242美元新高。可是，此时区块链还不具备进入主流社会经济的基础，价格飙升包含了过于乐观的预期。

中国银行体系的遏制、Mt.Gox的倒闭等事件，触发了比特币大熊市，比特币价格持续下跌。

2015年年初，比特币单价一度跌至200美元以下，很多企业纷纷倒闭。

阶段4：进入主流阶段（2016—2018年）

2016年6月23日英国脱欧，9月朝鲜进行第五次核试验，11月9日特朗普当选美国总统……以这些事件为标志，世界主流经济的不确定性增强，具有避险功能、与主流经济呈现替代关系的比特币开始复苏，市场需求增大，交易规模快速扩张，开启了2016年至2017年比特币牛市。

虽然中国市场因政策管控受到遏制，但韩国、日本，以及拉美国家的市场快速升温，比特币单位价格从2016年年初的400美元最高飙升至2017年年底的2万美元，翻了50倍。

比特币的造富效应以及比特币网络拥堵造成的交易溢出，带动了其他虚拟货币及各种区块链应用的大爆发，出现众多百倍、千倍甚至万倍增值的区块链资产，引发全球疯狂追捧，比特币和区块链彻底进入全球视野。

阶段5：产业落地阶段（2019—2021年）

在 2017 年造富效应和区块链理想造就的众多区块链项目中，大部分会随着市场的降温而消亡，小部分会坚持下来继续推进区块链的落地。市场经历狂乱后，2018 年的虚拟货币和区块链将会在市场、监管、认知等各方面进行调整，回归理性。2019 年，坚持下来的项目会初步落地，但依然需要几年时间接受市场的检验。到 2021 年，在区块链适宜的主要行业领域，一些企业会获得稳步发展，加密货币也会得到较广泛的应用。

阶段 6：产业成熟阶段（2022—2025 年）

各种区块链项目落地见效后，区块链会进入激烈而快速的市场竞争和产业整合阶段，三五年内形成一些行业龙头，完成市场划分，区块链产业格局基本形成，相关法律法规基本健全，对社会经济各领域的推动作用快速显现。其时，加密货币将成为主流货币，经济理论会出现重大调整，社会、政治、文化也将发生相应变化，国际政治、经济关系出现重大调整，区块链在全球范围内对人们的生活产生广泛而深刻的影响。

区块链的六个发展阶段中，前两个是技术试验阶段，中间两个是主流认知阶段，后两个是产业实现阶段。目前，区块链的社会认知广度已经足够，但认知深度尚嫌不足，需要深入推进区块链知识的研究和普及，为产业发展、成熟奠定基础。

其实，区块链对于全球经济的巨大价值已经被充分认识到，对于全球社会政治生态改善的价值也在逐步显现，是一个值得各国大力投入、抢占先机的社会经济新动力。

003.
区块链1.0、2.0、3.0的特点是什么?

从应用方面来看,区块链就是一本安全的全球总账本,所有的可数字化的交易都是通过这个总账本来记录。区块链在应用层面形成了区块链1.0、区块链2.0和区块链3.0的概念。

1. 区块链1.0

所谓区块链1.0,就是以比特币为代表的虚拟货币应用。虽然里面有很多问题,比如价格的剧烈波动、数量上限可能导致的通货紧缩、挖矿对能源的浪费、各国政府监管的限制等,但它依然是区块链技术最成功的应用,为人们勾勒出了一幅理想的远景——全球货币的统一,使货币的发行不再依赖于各国央行。

区块链1.0的最大特点是,区块链上只有比特币一个应用,流通媒介是数字,是一个总协议。从这个意义上来说,比特币就是区块链的一种应用。当然,从本质上来说,区块链1.0则是一个分布式账本,保存着最基本的交易相关记录。

2. 区块链2.0

所谓区块链2.0,主要是指区块链技术在金融领域的运用。比如:华尔街银行联合想要打造的区块链行业标准,提高银行结算支付的效率,降低跨境支付的成本;交易所积极尝试用区块链技术实现股权登记、转让等功能。其主要特点是，在区块链上承载更多的应用，典型代表是以太坊。

3. 区块链 3.0

所谓区块链 3.0，就是将区块链应用的领域扩展到金融行业之外，覆盖到人类社会的全部生活。比如，在各类社会活动中实现信息的自证明，不再依靠某个第三人或机构获得信任或建立信用，实现信息的共享，包括在司法、医疗、物流等各领域。如此，区块链技术不仅能解决信任问题，还能有效提高整个系统的运转效率。

区块链 3.0 最重要的指标就是区块链的应用能够落地，服务于社会并推动整个社会的进步。也就是说，区块链应用应该是更加亲民的一种设计，相关产品应能非常容易使用，就像手机的使用一样简单方便。

004.
区块链的五个基本特征是什么？

区块链是分布式数据存储，点对点传输，共识机制，加密算法等计算机技术在互联网时代的创新应用模式。虽然不同报告中对区块链的介绍措辞不尽相同，但"去中心化、开放性、自治性、信息不可篡改和匿名性"这五个基本特征得到了共识性。

1. 去中心化

所谓去中心化，是指由于区块链使用分布式核算和存储，不存在中心化的硬件或管理机构，任意节点的权利和义务都是均等的，系统中的数据块由整个系统中具有维护功能的节点来共同维护。

2. 开放性

所谓开放性，是指区块链系统是开放的，除了对交易各方的私有信息进行加密，区块链数据对所有人公开，任何人都能通过公开的接口，对区块链数据进行查询，并能开发相关应用，整个系统的信息高度透明。

3. 自治性

区块链的自治性特征建立在规范和协议的基础上。区块链采用基于协商一致的规范和协议（如公开透明的算法），使系统中的所有节点都能在去信任的环境中自由安全地交换数据，让对"人"的信任改成对机器的信任，任何人为的干预都无法发挥作用。

4. 信息不可篡改

所谓信息不可篡改，即一旦信息经过验证并添加到区块链，就会被永久地存储起来，除非同时控制系统中超过51%的节点，否则单个节点上对数据库的修改是无效的。正因为此，区块链数据的稳定性和可靠性都非常高，区块链技术从根本上改变了中心化的信用创建方式，通过数学原理而非中心化信用机构来低成本地建立信用，出生证、房产证、婚姻证等都可以在区块链上进行公证，拥有全球性的中心节点，变成全球都信任的东西。

5. 匿名性

所谓匿名性，是指节点之间的交换遵循固定算法，其数据交互是无须信任的，交易对手不用通过公开身份的方式让对方对自己产生信任，有利于信用的累积。

005. 区块链类型的划分有哪些标准？

一、区块链类型

根据不同的标准，可以将区块链划分为不同的类型。

根据应用范围进行划分，区块链可分为公有链、联盟链和私有链。

1. 公有链

公有链的任何节点对任何人开放，每个人都可以参与该区块链的计算，都可以下载获得完整区块链数据，即全部账本。

2. 联盟链

联盟链是指参与每个节点的权限都完全对等，各节点不需要完全互信就可以实现数据的可信交换，通常都设有相对应的实体机构组织，授权后才能加入或退出网络。联盟链是一种公司与公司、组织与组织之间达成联盟的模式。

3. 私有链

私有链是指在某些区块链的应用场景下，开发者不希望任何人都能参与这个系统，便建立了一种不对外公开、只有被许可的节点才能参与且查看所有数据的私有区块链。私有区块链适用于特定机构的内部数据管理与审计。

根据部署机制，区块链分为主链或主网、测试链或测试网。

主链指的是区块链社区公认的可信区块链网络，其交易信息被全体成员所认可。有效的区块经过区块链网络的共识后，会被追加到主网的区块账本中。

测试链是用于测试的区块链，目的是为了在不破坏主链的情况下尝试新想法，只用作测试，上面的测试币不具备交易价值。

根据对接类型，区块链可以分为侧链和互联链。

侧链是主链外的另一个区块链，锚定主链中的某个节点，通过主链上的计算力来维护侧链的真实性，实现公共区块链上价值与其他账簿上价值在多个区块链间的转移。

互联链是通过跨链技术连接不同区块链的基础设施，包括数据结构和通信协议，本身通常也是区块链。不同的区块链通过互联链互联互通，形成更大的区块链生态。与互联网一样，互联链的建立能形成区块链的全球网络。

二、公有链、私有链和联盟链的特点及应用

1. 公有链的特点及应用

公有链有三个特点：

（1）保护用户免受开发者的影响。在公有链中，程序开发者无权干涉用户，所以区块链可以保护使用他们开发的程序的用户。

（2）访问门槛低。任何拥有足够技术能力的人都可以访问公有链，只要有一台能够联网的计算机就能够满足访问的条件。

（3）所有数据默认公开。虽然所有关联的参与者都隐藏自己的真实身份，但每个参与者可以看到所有的账户余额和其所有的交易活动。

在应用方面，公有链包括比特币、以太坊、超级账本、大多数山寨币及智能合约，其中公有链的始祖是比特币区块链。

2. 私有链的特点及应用

私有链具有三个特点：

（1）交易速度非常快。私有链的交易速度比其他任何区块链都快，甚至接近并不是一个区块链的常规数据库速度。这是因为即使是少量的节点也具有很高的信任度，不需要每个节点都来验证交易过程。

（2）给隐私更好的保障。私有链使得在一个区块链上的数据隐私政策完全一致，不用处理访问权限，个人数据不会公开地被拥有网络连接的任何人获得。

（3）交易成本大幅降低，甚至为零。私有链上可以进行完全免费或非常廉价的交易，不需要节点之间的完全协议，需要为任何交易而工作的节点非常少。

在应用方面，Linux 基金会、R3CEVCorda 平台及 Gem Health 网络的超级账本项目（Hyperledger project），是几种不同的正在开发的私有链项目。

3. 联盟链的特点及应用

联盟链具有两个特点：

（1）好连接，成本低。联盟链可以做到节点间的连接，花费极少的成本就能维持运行，提供迅速的交易处理和低廉的交易费用，有很好的扩展性，数据有一定的隐私性。

（2）范围有限。此区块链的应用范围不太广，缺少比特币的网络传播效应。

在应用方面，联盟链有许多实例，中关村区块链产业联盟就是其中之一。

006.
区块链的技术创新与应用有哪些？

一、区块链系统

作为比特币的底层技术，区块链系统一般由数据层、网络层、共识层、激励层、合约层和应用层组成。

1. 数据层

数据层封装了底层数据区块及相关的数据加密和时间戳等基础数据和基本算法，主要描述区块链的物理形式，是区块链上从创世区块起始的链式结构。它包含了区块链的区块数据、链式结构，以及区块上的随机数、时间戳、公私钥数据等，是整个区块链技术中底层的数据结构。

2. 网络层

网络层主要通过 P2P 技术实现分布式网络机制，包括 P2P 组网机制、数据传播机制和数据验证机制。因此，从本质上来说，区块链是一个 P2P 网络，具备自动组网的机制，节点之间通过维护一个共同区块链结构来保持通信。

3. 共识层

共识层包括共识算法、共识机制。共识层能让高度分散的节点在去中心化的区块链网络中高效地针对区块数据的有效性达成共识，是区块链的核心技术之一，也是区块链社群的治理机制。目前共识机制算法有数十种，包括工作量证明、权益证明、权益授权证明、燃烧证明、重要性证明等。

4. 激励层

激励层主要包括经济激励的发行制度和分配制度，其功能是提供一定的激励措施，鼓励节点参与区块链中安全验证工作，并将经济因素纳入区块链技术体系中，激励遵守规则参与记账的节点，惩罚不遵守规则的节点。

5. 合约层

合约层主要包括脚本、代码、算法机制和智能合约，是区块链可编程的基础。它将代码嵌入区块链或令牌中，可以实现自定义的智能合约，在达到某个确定的约束条件的情况下，不用经由第三方就能自动执行，是区块链去信任的基础。

6. 应用层

应用层封装了各种应用场景和案例，类似于计算机操作系统上的应用程序、互联网浏览器上的门户网站、搜索引擎、电子商城或是手机端上的APP。它将区块链技术应用部署在以太坊、EOS、QTUM等上，并在现实生活场景中落地。未来，可编程金融和可编程社会会搭建在应用层上。

数据层、网络层、共识层是构建区块链技术的必要元素，缺少任何一层都不能称之为真正意义上的区块链技术；激励层、合约层和应用层不是每个区块链应用的必要因素，一些区块链应用并不完整地包含此三层结构。

二、区块链的技术创新

区块链的技术创新主要有分布式账本、非对称加密和授权技术、共识机制、智能合约等。

1. 分布式账本

分布式账本，即交易记账由分布在不同地方的多个节点共同完成，每个节点都记录了完整账目，都可以参与监督交易合法性，同时也可以共同为其做证。不同于传统的中心化记账方案，分布式账本技术下，一方面任何节点都不能单独记录账目，避免了单一记账人被控制或被贿赂而记假账的可能性；另一方面，记账节点足够多，除非所有的节点都被破坏，否则账目就不会丢失，保证了账目数据的安全性。

2. 非对称加密和授权技术

从技术上说，存储在区块链上的交易信息是公开的，但账户身份信息是高度加密的，只有数据拥有者被授权才能访问，保证了数据安全和个人隐私。

3. 共识机制

共识机制，就是所有记账节点之间怎么达成共识，如何认定一个记录的有效性，既是认定的方法，也是防止篡改的手段。区块链提出的不同共识机制，比如工作量证明算法、股权证明算法等，适用于不同的应用场景，在效率和安全性之间取得平衡。以比特币为例。比特币采用的是工作量证明法，只有控制了全网超过51%的记账节点，才可能伪造出一条不存在的记录，但因为加入区块链的节点足够多，这基本上是不可能的，也就杜绝了造假的可能。

4. 智能合约

智能合约是指基于可信的不可篡改数据，自动化地执行一些预先定义好的规则和条款。以保险为例，如果每个人的信息都是真实可信的，就可以在一些标准化的保险产品中实行自动化理赔。

三、区块链的技术应用

如今，区块链在建立去中心化方面的尝试已不限于金融界，而是受到了社会各领域的关注，并为社会管理提供了一种全新的思路和技术选项。

（1）区块链和物联网结合在一起，将数字资产和实体资产统一起来，能够淡化消费资产和现金资产的区别，扩展大众的信用，加速价值流通。

（2）在区块链上建立知识产权保护系统，对知识产权的使用全网记账，建立起全球广告市场。

（3）区块链可以为"一带一路"沿线的新兴经济体发行协议型密码学货币提供技术支撑。

（4）"区块链＋云计算"可以发展成去中心化的自媒体和社区系统。

（5）区块链可以搭建去中心化的股权众筹体系，让创新项目提前进入流通领域。

（6）区块链可以发展出全透明的财务管理系统。

（7）区块链支持建立全球去中心化公司组织。

总之，在信用已经成为紧缺资源的时代，区块链的技术创新为全球市场的金融、社会管理、人才评价和去中心化组织建设等，提供了广阔的发展前景。

007. 世界各国对区块链资产的态度如何？

当今，各国政府对区块链、区块链资产的态度不一，但整体来说都处于探索期。比如，北美各国积极支持区块链行业，亚太各国对区块链技术的研发也是积极的，欧洲各国的央行对区块链的态度比其他领域更积极，比特币在非洲也得到了推广。

1. 北美

在北美地区，美国鼓励区块链发展。2014年6月，美国加利福尼亚州州长签署了一项编号为 AB129 的法律，保障加州比特币及其他数字货币交易的合法化。

2016年6月，美国国土安全部对6家致力于政府管理应用的开发公司进行补贴。2015年至2017年，Circle 公司在波士顿、Ripple 在旧金山、Coinbase 在纽约州都分别获得了数字货币许可证 BitLicense。

2017年2月，美国亚利桑那州通过区块链签名和智能合约合法性法案。同月，美国国会宣布成立国会区块链决策委员会，美国医疗保健部门 ONC 举办区块链黑客马拉松，将区块链技术应用到医疗保健领域，美国政府代表国会行政部门承认了区块链的潜力，呼吁发展区块链技术在公共部门中的应用。同年7月，美国证券交易委员会（SEC）认定以太坊代币 The DAO 属于证券发行方需要依法办理证券发行的登记；美国商品期货交易委员会（CFTC）批准 LedgerX，为与加密币市场挂钩的期权和衍生品提供清算服务。

美国北边的加拿大对区块链持积极观望探索态度，加拿大政府工作报告中提到区块链数字平台将开创共荣时代。

2. 亚太

（1）中国。中国鼓励对区块链技术的研发。2016年10月，中国工信部发布了《2016中国区块链技术和应用发展白皮书》；12月，区块链被列入了《"十三五"国家信息化规划》。2017年9月，中国人民银行等七部委联合发布《关于防范代币发行融资风险的公告》，规定在中国交易平台不得从事法定货币与"虚拟货币"之间的兑换业务。

（2）新加坡。新加坡对区块链证券金融创新监管政策的开放程度远超亚洲其他国家。2016年6月，新加坡金融管理局推出了沙盒机制（Sandbox），任何在受法律规定保护中注册的金融科技公司，在事先报备的情况下，即使以后被官方终止相关业务，也不会追究其相关的法律责任。通过这种沙盒机制，新加坡政府能够在可控范围内鼓励企业进行各种区块链的金融创新。

（3）日本。日本的央行尝试了一些区块链项目，立法监管主要针对的是比特币等数字资产的应用推动。2016年3月，日本内阁通过投票将比特币和数字货币均视为数字等价货币。2017年4月1日，日本实施了《支付服务法案》，正式承认比特币是一种合法的支付方式；7月，日本新版消费税正式生效，比特币交易不用再缴纳8%的消费税。

（4）韩国。韩国支持区块链，加大了对比特币、以太币等数字资产的监管。2016年2月，韩国央行提出鼓励探索区块链技术。2017年9月，韩国金融服务委员会（FSC）宣布对数字货币如比特币、以太币进行监管。韩国加大监管力度，对洗钱、非法融资和其他数字货币非法交易进行调查。

（5）印度。2017年1月，印度央行发布了一份全面的区块链白皮书，认为应用区块链技术发展印度数字货币的时机已经成熟；6月，印度政府成立专门的任务组，创建监管框架计划，计划短期内全面完成比特币的合法化。

（6）澳大利亚。澳大利亚重视区块链技术的应用和标准的制定。2016年4月，澳大利亚国家标准局呼吁制定全球ISO区块链标准。2017年3月，澳大利亚国家标准局根据国际标准化组织（ISO）分配的任务，发布了国际区块链标准开发路线图；8月，澳大利亚政府宣布将数字货币交易所纳入澳大利亚交易数据分析中心监管，澳大利亚证券交易所等均使用区块链技术进行交易测试。

3. 欧洲

（1）英国。2016年1月19日，英国政府率先发布了长达88页的《分布式账本技术：超越区块链》白皮书，同时评估区块链技术的潜力，用于减少金融欺诈、降低成本的领域；3月，欧洲央行（ECB）在《欧元体系的愿景——欧洲金融市场基础设施的未来》咨询报告中公开宣布，正在探索如何使用区块链技术为己所用。

（2）荷兰。荷兰央行发布观点认为，区块链技术可以改善其金融业务质量。2016年9月，荷兰成立区块链园区，由银行和金融公司合作开发区块链技术在支付和泛金融领域的应用。

（3）德国。2016年11月，德意志联邦银行和法兰克福金融管理学院共同召开区块链技术机遇与挑战大会，对分布式账本的潜在运用展开研究，包括跨境支付、跨行转账、贸易数据的存储等。

（4）俄罗斯。俄罗斯对区块链的态度比较复杂，曾禁止公民持有和交易比特币，但欢迎区块链。2017年6月，俄罗斯总统普京接见了以太坊创始人维塔利·布特林；8月，俄罗斯国家开发银行与以太坊基金会达成了战略合作。

4. 非洲

目前，肯尼亚一群退伍军人开发出一个称为Kipochi的解决方案，可以使人们发送和接收比特币，可以实现与M-Pesa资产的自由转换。比特币不贬值、流通方便、安全透明，具有很大的发展空间。

总之，各国对区块链持欢迎态度，同时都开始了技术上的尝试。

008.
比特币产生的原因和动机是什么？

货币在一开始是实物货币，如贝壳、金银等，因为它们具有稀缺性，所以被用于充当一般等价物。北宋时发行的"交子"被称为世界上最早的货币，它的制作成本很低，甚至可能只有几厘钱，却能购换超出数倍价值的物品。

随着互联网的发展，电子货币逐步走向大众的生活。2008年，全球爆发金融危机，中本聪受其影响，就打算创建一种新型支付体系——比特币，授予大家记账权，让任何人都有可能参与制造出能在全世界流通的电子货币。

之后，中本聪结合开源软件和密码学中块密码的工作模式，在P2P（点对点或人对人）对等网络和分布式数据库平台上，开发出了比特币发行、交易和账户管理的操作系统。有了该系统，遍布整个对等网络用户端的各节点都可以按照其种子文件达成网络协议，确保了货币发行、管理和流通各环节公平、安全与可靠。

这就是比特币产生的原因和动机。

009.
比特币"白皮书"是如何诞生的？

2008年11月1日，中本聪在网络上发表了《比特币：一种点对点的电子现金系统》"白皮书"，描述了一种全新的电子现金系统——比特币。"白皮书"的问世，标志着比特币的底层技术区块链的诞生。比特币系统是一种去中心化的数字货币系统，解决了在没有中心机构的情况下总量恒定的货币的发行和流通问题。

下面，我们不妨来看看比特币"白皮书"的摘要部分。

中本聪在"白皮书"中提出一种完全通过"点对点"技术实现的电子现金系统，使在线支付能够直接由一方发起并支付给另外一方，中间不须通过任何金融机构。虽然数字签名部分解决了这个问题，但如果需要第三方的支持才能防止双重支付，那么这种系统也就失去了其存在的价值。

"白皮书"提出："我们在此提出一种解决方案，使现金系统在点对点的环境下运行，并防止双重支付问题。该网络通过随机散列对全部交易加上时间戳，将它们合并入一个不断延伸的基于随机散列的工作量证明的链条作为交易记录，形成的交易记录将不可更改，除非重新完成全部的工作量证明。最长的链条不仅能作为被观察到的事件序列证明，还能被当成是来自CPU计算能力最大的池。如果多数CPU计算能力都不打算合作起来对全网进行攻击，诚实的节点就会生成最长的、超过攻击者的链条。此系统本身需要的基础设施非常少，信息只要尽最大努力在全网传播，节点就可以随时离开和重新加入网络，同时还会将最长的工作量证明链条作为在该节点离线期间发生的交易证明。"

在比特币"白皮书"的摘要部分，中本聪抛出的问题是："一个需要第三方支持的点对点电子现金支付系统是没有价值的。"很多P2P系统都需要第三方支持，有些P2P系统需要一个或多个索引服务器。比如，迅雷下载就比较典型，它需要一个中心化的服务器帮助点对点建立连接，因此要弄清楚P2P与去中心化的P2P。由此，比特币及其他竞争币就可以一句话概括为"一个去中心化的P2P支付系统"。

通过中本聪的比特币"白皮书"的摘要可以知道，比特币系统要解决两个主要问题：一个是去中心化的P2P系统，另一个是支付要解决的双花问题，整个"白皮书"提到的技术方案都是围绕这两个问题展开的。其实，中本聪在写这篇论文时，有关去中心化的P2P系统已经有比较完善的解决方案了，因此"白皮书"的重点都放在如何通过P2P系统解决双花问题。要想解决双花问题就必须记账核对，如何在没有中心的P2P系统中记账又能得到认同呢？比特币引入了一个基于时间戳的随机散列，并让其形成前后文相关的序列，这也是区块链的由来。

010.
第一个比特币是如何诞生的?

北京时间 2009 年 1 月 4 日，中本聪在位于芬兰赫尔基辛的一个小型服务器上，亲手创建了第一个区块，即比特币的创世区块，并获得了第一笔奖励——50 个比特币，第一个比特币就此问世。当时任何人都不会想到，在短短几年时间内，比特币会被很多人接受和喜欢，会如此迅速地从极客圈走向社会大众，会以如此凶猛的价格增长方式来彰显自己的与众不同。

第一个区块的创建正处于 2008 年金融危机之时，为了纪念比特币的诞生，中本聪将当天的《泰晤士报》头版标题 "The Times 03/JAN/2009, Chancellor on brink of second bailout for banks"（《泰晤士报》2009 年 1 月 3 日，"财政大臣正站在第二轮救助银行业的边缘"）刻在了第一个区块上。这一举动，清晰地揭示了比特币的诞生时间。

《泰晤士报》头版标题中的"财政大臣"指的是英国当时的财政大臣达林，此时正是达林第二次出手纾解银行危机之时，"财政大臣正站在第二轮救助银行业的边缘"被中本聪不动声色地幽默了一把，达林左支右绌的窘态就这样被永久记录在了区块链上。

创建比特币创世区块的 9 天后，中本聪向密码学家哈尔·芬尼转账了一笔比特币，那笔转账在当时不值一文，却在电子加密货币篇章里留下了浓墨重彩的一笔，这是人类历史上第一次摆脱第三方金融信托机构而完成的"点对点"交易。

哈尔·芬尼很早就对加密货币计划产生了兴趣，还曾设计了工作量证明机制的前身"可复用的工作量证明"。当中本聪公布第一个版本的软件时，哈尔·芬尼立刻下载并测试。多年后，哈尔·芬尼回忆这段经历时说："我觉得，自己是除了中本聪以外第一个运行比特币的。我开采了约70个块，也是第一个比特币交易的接受人。中本聪测试时转给了我10个币，在接下来的几天里，我和中本聪通过邮件谈了很多，我提出了一些故障，然后由他搞定。"

011. 比特币创始人中本聪究竟是谁？

比特币的创始人化名中本聪，但直到现在其真实身份依然扑朔迷离。有的只是无尽的猜测，甚至连是不是日本人，会不会是一个组织都无从考证。但有一点可以肯定的是，他至少是一个超级优秀的算法工程师和程序员。

中本聪的真实身份为什么是个谜？一方面，中本聪不仅在创造了最成功的虚拟货币试验六年后遁形；另一方面，还因为他拥有巨大的比特币财富。有些人分析说，中本聪约有100万比特币，它们都是在比特币出现早期挖掘的，分散在不同的钱包地址。为了找到蛛丝马迹，比特币爱好者们监视着比特币地址，但是直到现在，这些比特币都没有被动过，这就让他显得更加神秘了。更有意思的是，谁能动用创世区块里的比特币，谁便是中本聪。

其实，历史上出现过很多"中本聪"。2013年，有人爆料，在数学领域有过卓越贡献的日本数学家望月新一就是中本聪，但是并没有提出直接证据；2014年，黑客黑进了中本聪用过的邮箱，并找到了邮件的主人多利安·S·中本，而多利安·S·中本表示自己只是偶然获取了邮箱的地址和密码，并不是中本聪；2016年，克雷格·赖特表示他是中本聪，且能提供中本聪的私钥，但由于无法面对大家的质疑而撤回自己的声明。

寻找中本聪及出现过多个"中本聪"引发的文化冲突，让我们不得不思考：金钱是建立在信任的基础上的，但匿名创造者却无法取信于人；信任比特币的人越来越多，而这种信任却有赖于比特币社区及其生态系统。虽然不断地有比特币企业家破产，但比特币分散化和开源的发展模式，使比特币底层协议的可靠性足以抵得上其他优秀开发者控制的任何技术，甚至更加可靠。

012. 中本聪的继任者是谁？

加文·安德烈森是比特币核心开发团队的成员之一，是中本聪消失在互联网前用邮件保持联系的少数几个人之一。

2010年，加文·安德烈森开始接触比特币，并向中本聪提交代码，优化比特币的核心系统。中本聪逐渐对加文·安德烈森的代码有了信赖。一天，中本聪问加文·安德烈森："是否可以把我的邮箱放在比特币的主页上？"加文·安德烈森同意了。2011年4月26日，加文·安德烈森告诉比特币开发团队的其他成员:"中本聪今天早上提议,在公开谈论比特币时,应尽量回避'神秘创始人'这一话题。"之后,中本聪不再回复包括加文·安德烈森在内的所有电子邮件,彻底消失。比特币爱好者对他的离开感到悲伤和不解,而中本聪的比特币却以强大的生命力在茁壮成长。

中本聪退幕后,加文·安德烈森变成了比特币的领导者。他组建了比特币的核心开发团队,致力于修复比特币代码的安全漏洞,提升比特币软件的稳定性使其更易用。2012年,加文·安德烈森创建了非营利性的比特币基金会。可以说,比特币的发展壮大,加文·安德烈森及其开发团队功不可没。

从这一点来看,加文·安德烈森就是中本聪的继任者。

013. 密码朋克邮件组是什么?

中本聪的比特币"白皮书"最早发布于"密码朋克"。狭义地说,"密码朋克"是一套加密的电子邮件系统。

说到"密码朋克",首先就要提到加密技术。直到20世纪70年代,加密技术仍然仅限于军事和情报领域。然而,随着两个出版物的出版,这项技术在公共领域得到了广泛使用:一是美国国家标准局(NBS)于1976年公布的《数据加密术标准》,这些标准直到现在仍被广泛使用;一是惠特菲尔德·迪菲和马丁·赫尔曼于1976年出版的《新密码技术指南》,主要讲解了密码技术,可以说是介绍相关内容的第一部公共出版物。

之后,人们开始公开讨论加密技术,并检验它的政治和社会后果:一方面，密码技术可以保护个人隐私、政府与企业秘密；另一方面，密码技术可以被罪犯用来隐藏他们的方案或利益。那么加密技术到底应该被自由使用还是严格禁止呢？这个问题从加密技术诞生的第一天起，就被人们争相讨论。

1991年，美国人菲利普·希默曼开发出一个加密产品，它能够让用户安全地存储文件以及在BBS上发表信息，这些电子文档不会遭到泄露与篡改。菲利普·希默曼找到公钥和对称密钥加密方法之间的均衡点，也就是今天的PGP（Pretty Good Privacy）。PGP的工作原理大体如下：如果A用户想给B用户发送一些加密信息，则A要找到B的公钥；然后，A使用这个公钥加密他所要传送的信息；接着，已加密的信息就会通过正常的信息传输途径传送给B，B再使用他的私钥来解密信息。这时候，除了B外，任何人都不知道这个私钥，都不能解密这个信息。因此，在整个传输过程中，即使有人窃取了这段信息，也得不到其中的明文，如此就保障了信息的安全。

1992年，英特尔的高级科学家蒂姆·梅发起了密码朋克邮件列表组织；1993年，埃里克·休斯在自己所写的《密码朋克宣言》中第一次使用了"密码朋克"这个词。《密码朋克宣言》讲道："在电子信息时代，个人隐私在开放的社会中是必需品。我们不指望政府、公司或其他组织来承诺我们的隐私权，我们必须保护自己的隐私，必须有人做一个软件来保护个人隐私……我们计划做这样一个软件。"

之后，埃里克·休斯和几个人一起创建了"密码朋克邮件名单"加密电子邮件系统，简称"密码朋克"。当时"密码朋克"用户约1400人，这些人逐渐形成一个私密圈子，讨论的话题包括数学、加密技术、计算机技术、政治和哲学等；早期成员有很多是IT精英，如维基解密的创始人阿桑奇、BT下载的作者布拉姆·科恩、万维网发明者蒂姆·伯纳斯-李爵士、脸书的创始人之一肖恩·帕克，还有比特币的发明者中本聪。数据显示，在比特币诞生之前,"密码朋克"的成员讨论、发明过的失败数字货币和支付系统多达数十个。

014.
什么比萨居然能卖到3亿元?

美国程序员拉丝勒是早期的比特币爱好者,他想用比特币交换实物商品,2010年5月22日他在一个比特币论坛发帖说:想用1万个比特币交换两个价值25美元的比萨。当时,一位英国志愿者与拉丝勒达成交易,获得1万个比特币。就这样,比特币第一次有了价格,在加密社区引起了极大的轰动。为了纪念这次交易,人们把每年的5月22日定为比特币比萨日,每到这一天比特币爱好者们都会聚在一起吃比萨庆祝。以现在的比特币价格计算,当时的两个比萨价值约3亿元人民币。

拉丝勒之所以能用比特币交换实物商品,是因为比特币具有货币的"交换媒介"功能。比如,我国比较活跃的比特币交易平台上,比特币日均成交量为6000个比特币,成交金额超过600万元。比特币可以用来购买虚拟网络商品、服务及实物商品,容易分割,交易成本低廉。

再如,2012年11月,著名博客软件开发商WordPress接受比特币捐赠;2013年4月,音乐、电影、软件目录网站BitTorrent宣布接受比特币捐赠。专注于用户生成内容的社交新闻和娱乐网站Reddit,从2013年2月开始接受用户使用比特币购买Reddit的金牌服务;免费社交网站OkCupid,从2013年4月开始接受用户使用比特币购买其特色服务。

又如，2013年4月上线的比特币时尚商店 Bitfash（Bitcoin Fashion Store）是全球首个支持比特币的时装网站，用户在上面可以直接购买到某些服装生产商的产品。迄今为止，国内支付宝还没有公布支持比特币的官方计划，但部分淘宝店家已开始接受比特币支付；在实体商店方面，也有一些商家接受比特币，如创业咖啡馆和孵化基地"车库咖啡"就在国内率先支持比特币付款。当然，这些都只是少数个例，目前还没有出现大规模支持比特币支付的地产开发商和汽车销售商。

需要强调的是，比特币的意义不在于是否行使了货币职能，而在于人对于现时金融方面危机的思考和提出了自己的理念与构想。

015. 比特币水龙头是什么？

比特币在诞生之初很便宜，很容易获得，2010年年底为了让更多人知道并尝试使用比特币，加文·安德烈森花50美元买入了1万个比特币，并创建了名为"比特币水龙头"的网站，向所有访问网站的人免费赠送5个比特币，当时大约价值5美分，提高了人们对比特币的接受程度。

后来，有人模仿加文·安德烈森，建立了类似比特币水龙头的网站，一方面给访问网站的用户派送小额比特币，一方面获得大量的浏览量。因此，比特币水龙头网站可以通过给主要比特币网站导流来赚取广告费。通过这种方式，比特币水龙头网站甚至还形成了一种新型商业模式。

比特币水龙头网站为什么要免费分发比特币？一是网站试图向人们传播

有关比特币的知识，二是网站也通过某种途径赚钱，这是人们设立水龙头的主要原因。

那么，如何从这些水龙头上挣钱？水龙头的商业模式就是带来廉价流量，让用户点击广告。从哪里得到廉价流量呢？从推介系统。水龙头引来用户访问比特币时，会发放一定比例的比特币作为奖励。这种方法非常有效，是大多数水龙头的主要流量来源，由此还催生了一种新型网站——比特币水龙头旋转网站。通过此旋转网站，用户可以快速浏览不同的水龙头，不用每次打开新网址或标签页；隐藏在旋转网站里的链接可以链接到各个水龙头，用户访问这些水龙头时，旋转网站就会从各个水龙头赚取一笔中介费。

第02章
比特币及其特点与运行原理

比特币和互联网一样具有去中心化、全球化、匿名性等特点。本章主要解答比特币的特点与运行原理方面的问题，诸如比特币的优缺点、比特币与Q币及传统货币的区别、比特币的安全性保障、比特币交易原理，以及比特币的记账、转账、手续费、步骤、找零机制等。

016. 什么是比特币？

比特币（Bitcoin，缩写BTC），是一种总量恒定2100万的数字货币，被人们称为"数字黄金"或"电子黄金"。如今，比特币已成长为一个货币系统，全球有数百万用户、数万商家接受付款，市值最高达百亿美元。比特币相关企业也吸引了近10亿美元的风险股权投资，其中不乏传统金融巨头。例如，Visa、纳斯达克等公司投资区块链公司Chain 3000万美元，万事达卡、纽约人寿保险加入数字货币集团新一轮融资，等等。

有些风投甚至还直接购买了比特币。例如，在对暗网黑市缴获比特币的拍卖中，硅谷最知名的投资人之一蒂姆·德雷珀斥资2000万美元购买了3.2万个比特币，美国比特币投资信托基金购买了4.8万个比特币等。

互联网打破了信息传播的地域和国家界线，信息自由极大地促进了人类经济、政治、文化的发展；比特币进一步打破了基于国家界线的金融和价值传播障碍，对全球造成了深刻的影响。

有人建议将诺贝尔经济学奖项颁发给中本聪，从这一点可以看出，比特币的发明是革命性的。中本聪的贡献不仅彻底改变了人们对金钱的思考方式，甚至还可能颠覆央行在货币政策方面所扮演的角色。

017.
比特币有哪些优点？

比特币有五个显著优点，即去中心化、无国界、专属所有权、交易便捷、匿名性。如何理解比特币的这五个优点呢？

1. 去中心化

所谓去中心化就是比特币的整个网络由用户构成，没有中央银行；比特币网络由全体比特币用户共同控制，除非大多数用户一致同意做出某种改变，如修改规则或升级版本，否则任何人或组织都无法改变或停止比特币运行。

中心化的问题很多。比如，央行不用经过用户的同意，就可以无穷无尽地印钞票，掠夺用户的财富；用户在银行的钱，其实不是用户的钱，而是银行对用户的负债，用户不能总是从银行里取出钱，银行有可能一天只允许用户取部分存款，甚至可能强制没收用户的存款。虽说私有财产神圣不可侵犯，但人们对这一现象一点办法也没有。

在比特币中，这些劣行将不复存在。比特币是一个完全脱离银行、只依靠互联网运行的货币系统，即使是政府执法部门，也无法查封或没收比特币；除非彻底关停互联网，否则无法封杀比特币网络。在比特币系统里，用户能真正掌握自己的钱，而不是通过银行间接掌握自己的钱。

2. 无国界

无国界就是全世界流通。比特币可以在任意一台接入互联网的计算机上管理。不管身处何方，任何人都可以挖掘、购买、出售或收取比特币。

3. 专属所有权

比特币具有专属所有权，因为要操控比特币就必须有私有密钥，私钥除了用户自己之外无人可以获取。

4. 交易便捷

所谓交易便捷，就是免监管、无隐藏成本。用比特币交易，只要知道对方比特币地址，就能进行支付，无额度和手续限制，不用经过任何管控机构，不会留下任何交易记录。

5. 匿名性

所谓匿名性，指的是购买后存储账户完全匿名，无人知晓。

018. 比特币有哪些缺点？

比特币也有缺点，诸如交易平台的脆弱性、交易确认时间长、价格波动极大、大众对交易原理不理解、目前无法同时处理大量交易等。

1. 交易平台自身的脆弱性

比特币交易平台很健壮，但是作为带有交易功能的网站，它也很脆弱，会遭到黑客攻击，或者遭到主管部门的强制关闭。比特币并不依赖于任何金融机构运行，用户需要对自己的资金安全负全部责任。

2. 交易确认的时间比较长

比特币钱包初次安装时，会消耗掉大量时间下载历史交易数据块。区块是记流水账的，比特币系统大约每 10 分钟记一次流水账，由于该系统的流水账可以永远保存且不可更改，新的交易记录只能记录在新开采的区块上，然后将该区块接在区块链上形成总账本。

比特币系统规定，一次转账需要经六个新区块验证，而区块是矿工挖出来的，且大约每 10 分钟只能挖一个区块，这就意味着比特币转账需要历时约 1 小时。这还是最快的，比特币支付按自愿出的交易费排队，较低或想免费转账的人可能要等十几个小时甚至一天的时间才能完成一次支付。

3. 价格波动极大

随着大量炒家介入，比特币兑换现金的价格如过山车般起伏，使得比特币更适合投机，而不是匿名交易。

4. 大众对交易原理不理解

从比特币诞生至今，比特币是骗局、比特币毫无价值等言论就从未间断，但是比特币的价格就在这无数的质疑声中悄然上涨。另外，一些传统金融从业人员也对比特币交易抱有抵制态度。有些网民了解 P2P 网络的原理，知道比特币无法人为操纵和控制。但大多数人并不理解，很多人甚至无法分清比特币和 Q 币的区别。"没有发行者"是比特币的优点，但在传统金融从业人员看来，"没有发行者"的货币毫无价值。

5. 无法同时处理大量交易

由于每个区块容量的限制，目前比特币还无法同时处理大量交易。不过，这个问题的解决难度并不大，未来会逐步得到改善。

019.
比特币为什么价格波动大？

美国程序员拉丝勒是早期比特币爱好者，他希望能用比特币交换实物商品。2010年5月22日，他在一个比特币论坛发帖说，希望用1万个比特币换两个价值25美元的比萨券，这是比特币第一次被赋予价格。

2011年上半年，比特币价格从30美分涨到30美元，涨幅100倍；下半年又一路下滑到2美元。2013年4月10日，比特币涨到当时最高的266美元，当晚又跌到105美元；11月，价格又达到1242美元；12月又跌到576美元。2014年起一直低迷，直到2015年9月才开始了一波牛市行情。2016年一年涨幅十几倍。至2017年11—12月，涨幅超过10倍，达到2万美元。

在2010年的时候，一个比特币只要0.003美元。也就是说，用户在2010年花1万元买入比特币到2017年年底比特币涨到2万美元一个，那么用户将拥有100亿元！7年之间，比特币价格翻了约100万倍。比特币兑换现金价格波动如此之大，是因为一个基本的经济学原理供给弹性。

供给弹性也叫供给—价格弹性，指的是供给量相对价格变化做出的反应程度。比如，一支铅笔的价格每上升10%，厂商就有动力或能力增加20%的供给量，供给的价格弹性系数就是2。供给弹性大于1，可以称这种商品是"富供给弹性"商品；如果铅笔的价格无论怎么上升，厂商都没有能力改变供给量，则供给弹性为0，其就是"完美无弹性"的商品。供给对价格的影响，也可以使用同样的思路。

在"比特币经济学"中，最引人注目的是供应的确定性和需求的变幻莫测——比特币被开采的速度是高度可预测的，几乎与其他任何资产（货币或商品）都不同，最终供应事先已经确定，永远不会超过2100万比特币。这个特点，使得比特币成为一种供应几乎"完美无弹性"的商品，不管价格多高，矿工的产量都不会超过2100万比特币；而且，价格上涨也不一定促使比特币的更快挖掘。因为后期算力的增长抵不过比特币挖掘难度的增加，即使加入挖矿大军的人越来越多，比特币的新增供给依然是逐渐减少的；即使矿工能做到，也只会影响短期的比特币供给，但会牺牲掉将来的供给量。

供给的无弹性，也是比特币如此波动的重要原因之一。

020.
各国对比特币有哪些主要观点？

目前，虽然部分国家政府认可比特币具有货币属性，多数政府却不认可，而是将比特币直接定义为商品。各国政府对比特币的主要观点如下：

美国商品期货交易委员会（CFTC）将比特币定义为大宗商品，与黄金、原油、小麦的归类一样。美国纽约金融管理局（NYDFS）颁布比特币许可证，对开展比特币金融交易的企业实行监管。

中国人民银行等五部委联合发布的《关于防范比特币风险的通知》中，禁止金融机构介入比特币，但同时认为："比特币是一种特定的虚拟商品，不具有与货币等同的法律地位，不能且不应作为货币在市场上流通使用。但是，比特币交易作为一种互联网上的商品买卖行为，普通民众在自担风险的前提下拥有参与的自由。"《人民日报》在"电子货币监管提上日程"（2015年10月13日22版）一文中也表达了类似的监管观点："虽然诸多虚拟货币都没有距离真正的货币属性更近，但在相对稳健的发展路径上，通过对以支付清算为核心的货币功能发掘，却有助于探索真正的电子货币创新。不过，创新的脚步后面要有紧跟而来的监管。"虽然目前我国对比特币还没有开始监管，但是态度已经发生改变——从"无视"和"敌视"转为"关注"。

英国海关税务总署认为比特币是一种货币，对比特币交易免征增值税。

瑞典和德国等国家政府一直都认为，比特币应该作为一种商品来加以对待。

欧洲法院最终做出裁决，认为比特币应作为货币加以对待，不能把它当作一种商品交易，比特币不必缴纳增值税。

从世界各国对比特币在法律上的定义可以看出，比特币不是被政府禁止的非法品，而是一种政府认可的合法商品和投资品，甚至货币。

021. 比特币和Q币有哪些不同？

Q币，简称QB，也称QQ币、腾讯Q币等，通常1元人民币可以买1Q币。

Q币是由腾讯推出的一种虚拟货币，可以用来支付QQ的QQ行号码、

QQ 会员服务等。用户可以通过腾讯充值中心购买 QQ 卡或为 Q 币充值。相比之下，比特币不依靠特定货币机构发行，依据特定算法，通过大量的计算产生。

具体来说，比特币和 Q 币有以下几方面的不同：

1. 价格不同

虽然两者都有价格，但是因为 Q 币是腾讯公司所发行的虚拟产品，所以它的定价权完全归于腾讯公司，不受任何机构或企业的影响。而比特币就不同了，它是去中心化的产品，没有中心发行机构，所以它的价格完全由市场决定，这也就造成了它低的时候可能几百元一个，高的时候可能几千元甚至上万元一个。比特币具有投资性质，可以通过价格的涨跌来赚取收入；而 Q 币则不能。

2. 发行机制不同

Q 币是中心化发行，决定权在于腾讯公司，比如，想发行多少、发行价格多少、可以购买什么产品等，全部由腾讯公司裁定。比特币能否购买商品及其他用途，由使用者决定。当接受比特币概念的人群达到一定数量，商家才会考虑接受比特币付款。

3. 管理不同

在发行机制下，所有 Q 币的发行数据、使用数据及相关信息完全掌握在腾讯公司手里。也就是说，所有的数据存储只有腾讯能查看和分析，其他人都没有权力，完全中心化存储。比特币是来往、交易等数据完全存储在区块链中，玩家可以通过区块链浏览器等查看数据，数据存储不依赖于任何服务器或人，是自行管理的机制。

从上面的分析可以看到，同为虚拟产品，两者最大的不同就是"发行机制"的不同。除此之外，虚拟产品的认可度和使用度也有很大的不同，Q 币之所以能被人们接受，是因为其背后有一个大型的商业集团在支撑。而比特币则需要一个广泛的认可度，没有任何机构和个人能为它背书，只有它的技术和价值被认可，才能被大众所接受。

022.
比特币与传统货币的区别是什么？

比特币同传统货币有着本质的差异，下面将以美元为例来介绍比特币与传统货币之间的七点差异。

1. 比特币使用P2P技术，不受中央机构管辖

比特币是一种分散货币，采用端到端（P2P）的技术实现，不存在集中管辖机构。与比特币有关的所有事宜，包括发行、交易处理和验证都是通过网络进行的，不需要专门机构来监控整个资金流动过程。相比之下，传统的货币是由各国央行发行的。比如，在美国，美联储负责美元的发行，同时也负责执行国家货币政策、监管全美银行业、维持金融系统的稳定性，并对存款机构提供相应金融服务。

2. 比特币主要以数字形式存在

虽然Casascius和Bit Bills等公司有实体形式的比特币，但比特币设计的初衷是一种数字货币。目前，实体形式的比特币依然是一种新奇产品，但对大部分比特币的拥护者来说，实体形式的比特币已经违背了设计初衷。与之相反，美元主要以实体形式存在，银行账户或在线经纪人账户中的资金都可以兑换为实体形式的美元。

3. 比特币有2100万枚的发行限额

比特币的采矿程序约每10分钟就可以生产25枚比特币，产量每4年会缩减一半，因此比特币的流通数目将在2140年达到发行上限。虽然有些批评家认为比特币的这一发行上限不大，但支持者认为，一枚比特币的价值可以到小数点后8位（比特币的更小单位为satoshis，1比特币=10 000 000 satoshis），即比特币的最高数量可以达到2.1×10^{15}枚satoshis，足以满足将来的各种需求；而传统的货币发行则没有上限。

4. 比特币是一种很复杂的产品

数字货币的理念本身就非常复杂和深奥，因此需要具备一定的技术知识才能理解比特币的原理和机制。

5. 比特币的接受范围有限

目前可以接受比特币的地方并不多，而且它无法在实体店广泛使用，当然随着它的流行，这一点将来也许会有所改变。与之相对的是，美元作为全球储备货币，几乎可以在世界各地流通。

6. 比特币的交易有其局限性

交易需要等待10分钟才能确认。交易几乎不可逆，而且退款只能由比特币的接收人来进行。传统货币则不存在这一问题，即使借记卡和信用卡的交易也可以在数秒内得到确认。在比特币交易中，在接收人同意的情况下，交易的发起人也可以选择取消交易。

7. 比特币结余没有相应的保障措施

不小心丢了比特币，比如，电脑硬盘崩溃或黑客攻击了用户的比特币钱包，并偷走了其中的比特币，或者存储比特币结余的交易中心歇业，那么用户的结余都将归零。但存在银行的货币结余可以免遭银行倒闭等的影响，因为它们享有美国联邦存款保险公司的保险。

023.
如何杜绝比特币的非法用途？

比特币一旦资金流向不明就无法追查，之所以要讨论这个问题，就是要从根本上杜绝交易骗局。

从本质上来说，交易骗局就是资金流向的问题。2013年10月底，香港GBL平台携款潜逃，使得两千多万元人民币下落不明。该交易网站的程序非常差，没有使用SSL安全协议，甚至连用户名都是明文存储，编程的基本常识都没有。同年10月22日，因看好比特币的行情，有位市民在网上搜索比特币交易平台——GBL公司，并通过第三方支付在该交易平台充值9万元用来买卖比特币；26日，该市民发现该网络交易平台的工作人员不在线，正常交易程序也无法实施，查证之后发现，该公司注册地址是假的，充值资金全部被骗。

比特币的非法用途有在线博彩、暗网黑市、敲诈勒索、隐匿资产、传销吸纳资金等。下面我们来具体看看。

1. 在线博彩

在线博彩是比特币诞生后的首个应用，当时的工具是中本聪骰子，任何玩家不管身在哪个国家，只要连上网络，都可以通过发送比特币参与博彩。中本聪骰子使用公开随机的比特币区块链数据进行摇奖，每个人都能确定其公平性，一经推出就受到大量玩家的热捧。2012年下半年，中本聪骰子的交易达到了比特币全网交易的一半以上。

2. 暗网黑市

卖家如果使用网银等实名账户方式收款,就很容易被执法部门查获,因此,在比特币出现后,暗网黑市迅速转为比特币付款,并迅速增长,成为比特币支付的最强刚需。

2014年,美国联邦调查局(FBI)查封了当时最大的暗网黑市"丝绸之路(Silk Road)",从网站运营者电脑里查封了14.4万个比特币。有趣的是,在查封过程中,两名FBI特工因利用职位之便盗取了价值80万美元的比特币而入狱。

3. 敲诈勒索

目前,比特币勒索以网络犯罪为主,如DD4BC等黑客组织以DDOS(Distributed Denial of Service,分布式拒绝服务)方式攻击网站;同时,要求用比特币形式来支付赎金,换取停止攻击。比特币敲诈病毒(CTB-Locker)从2015年开始在全球传播,该病毒可以远程加密用户电脑文件,向用户勒索比特币赎金,杀毒软件虽然能杀掉病毒,但对已经加密的文件却毫无办法,用户只有先支付比特币赎金,才能解密文件;在要求以比特币支付赎金的人质绑架案中,绑匪曾通过邮件勒索7000万港元,要求以等值的比特币支付。

4. 隐匿资产

不管存储多少比特币,只要记下比特币地址的私钥即可。私钥可以记录在纸上、U盘、网盘、邮箱里,还能用一句话来作为私钥。有些贪官会使用比特币来储存赃款,并用比特币期货进行对冲保值(避免比特币价格波动)。

5. 传销吸纳资金

传销吸纳资金事件已经出现过多起,如乌斯坦罗基金、MMM互助理财等。传销参与者支付给上线的不是人民币,而是比特币。传销组织使用比特币吸纳资金，既可以迷惑参与者，又不容易引起监管部门注意。由于比特币在法律上不是货币，受害人难以报警维权；警方处理时，即使明知传销资金就在某个比特币地址，也无法追回。

虽然比特币的支持者不愿承认，但比特币的非法用途是比特币目前的最大刚需，因此很多人坚信：即使是最坏的结果，比特币价格也不会归零。客观地说，比特币被用于非法用途也不是比特币的过错，由此反对或封杀比特币更是可笑。

024. 如何保障比特币的安全性？

比特币结合 P2P 对等网络技术和密码学原理，可以维持发行系统的安全可靠性。与有中心服务器的中央网络系统不同，P2P 网络中没有中心服务器，每个用户端既是一个节点，也有服务器功能，任何一个节点都无法直接找到其他节点，必须依靠其用户群进行信息交流。

为了解决初次运行时查找其他节点的问题，比特币使用以下三种机制：

（1）在默认情况下，运行比特币的用户端加入一个 IRC 聊天通道，获知加入该通道的其他用户端的 IP 地址和端口。该通道的名称和 IRC 聊天服务器的名称被写在了比特币软件中。

（2）一些知名的比特币节点被编写在软件中，以防 IRC 聊天服务功能由于某种原因无法访问。

（3）手动添加运行比特币的其他用户端的 IP 地址。

如今，不需要运行上述三种机制，一旦连接到比特币的某个节点，该节点在发送的信息中就会包含对等网络 P2P 其他节点的地址，直接通过其匿名用户群来找到其他节点。P2P 技术和密码学原理相结合确保了比特币发行系统无法被黑客监控、隔离或破坏，从而保障了系统的可靠性和匿名性。

DDOS 及其他攻击，目标都是针对比特币交易中心，即使交易所受到攻击或货币交易所的网络被关闭，理论上也不会影响货币发行和使用。2013 年 5 月，美国政府查封了世界上最大的比特币交易所的银行账户，但其兑换率依然维持在 1 比特币兑换 120 美元左右。

025.
比特币的交易原理是什么？

比特币主要使用椭圆曲线数位签章演算法（ECDSA），这个算法有两个至关重要的特性：第一，只要知道私钥，就可以算出相应的公钥；第二，你用私钥签过名的东西，可以用公钥算一下是不是你签的。

其实，比特币在交易过程中没有钱包，只有交易账单，整个比特币交易就是一大堆交易账单。比如，账单 1，从 A 转到 B，转了 X 比特币；账单 2，从 B 转到 C 和 D，转了 X 比特币；账单 3，从 C 转到 E，转了 X 比特币……只要下载客户端，就能接收到从比特币成立那天开始的所有账单。因此，只要把所有账单都下载，自然就能知道各账户上应该剩多少钱。

每张比特币交易账单都是一段数据，签完名后会发送到全网。下面把数据结构逆向成易懂的中文解释，具体如下：

1. FROM（谁发送的）

它包括两部分：一是 Previous Tx，也就是说，花的任何一笔钱都应有人转给你，需要出示账单的 ID；二是 Script Si，就是把单子用你的私钥做 Hash（哈希算法），只有你能做这个 Hash。

2. TO（谁接受的）

这包括两部分：一是 Value，即要发多少；二是 Script Pub Key，即对方的公钥，比特币账户就是一段公钥。

签完单子后，开始往全网发送。怎么发呢？比特币通信很简单，可以类比成 IRC 频道。跟普通的 IRC 不同的是，其客户端是一台 IRC 服务器，启动客户端的时候，会接收到周围的有公网 IP 的客户端地址，也就是"服务器"列表。此列表会不断地刷新，都是其他比特币用户，你在这个 IRC "喊"一句话，周围的人都会听到，进而扩散到全世界。

把签单发送到全世界后，收到单子的客户端就会校验这个单子是否正确。比如，校验你的签名，是不是你发的；校验你是否有那么多钱。计算后如果发现这笔交易没问题，基本上就算转账成功。

现在，即使对方接受了比特币，但要想花，也得有那个地址（公钥）对应的私钥。

如此往复。这就是比特币的交易原理。

026. 新手如何试水比特币交易？

新手要想试水比特币交易，首先要在计算机或移动设备上安装一个数字钱包。开设数字钱包并不难，它是一个免费的开源文件，会生成比特币地址。目前，共有三种比特币钱包：软件钱包（安装在个人计算机上）、移动钱包（安装在移动设备上）和网页钱包（开立在比特币服务提供商的网站）。

为了确保安全，比特币采用的方式是公共密钥加密。也就是说，创建一个新比特币地址，其密码保护机制就会包括一个公共密钥和一个私人密钥，两者都由一长串的字母和数字组成；每个地址中都会保存一些比特币余额，只要获取一个比特币钱包，用户的比特币存入其中即可。用户可以通过很多种方法获取比特币，比如从 Mt.Gox 或 Bitstamp 类的比特币兑换中心购买，或通过 Bit Instant 服务实现比特币和传统货币间的兑换。

需要注意的是，所有比特币的交易都是公开的，且被永久记录在比特币网络上。也就是说，用户的比特币账户余额和交易所有人都能看到。因此，比特币持有者要为每项交易设立一个独立地址，以保护账户的隐私和安全性。

用户一旦拥有了自己的比特币地址和比特币，就可以通过它在那些接受比特币支付的公司进行在线支付。该公司会将自己的比特币钱包地址发给用户，用户就可以往里面打入需要支付的比特币金额。

完成支付后，交易将在几秒钟内完成，但接下来的验证可能要花费十分钟甚至更久。所有的比特币交易都会出现在一个公共交易日志中，也称区块链（Blockchain）。如此，不仅能确认比特币的支付者确实拥有这笔钱，也能防止欺诈和重复支付。

交易的验证时间为何如此长？因为比特币采矿中涉及一些复杂算法（详见下文注释），即使计算机的运算能力很高，也需要一段时间来解码。比如，要跟一家名为 Bit Champ 的公司进行一笔在线支付，将比特币钱包中的钱打到该公司的比特币钱包中，具体交易步骤为：

第一步，Bit Champ 创建一个新的比特币地址，用户将钱汇入该地址。这时，就会产生一个私人密钥（仅 Bit Champ 可见）和一个公共密钥（所有人可见）。在和 Bit Champ 的交易中，不用泄露自己的真实身份，可以进行匿名支付。

第二步，通过比特币客户端，即安装在个人计算机上的免费比特币软件，将自己的比特币转移到 Bit Champ 的地址上，即为交易信息。

第三步，比特币客户端会在用户发起交易的地址输入私人密钥；由于用户的公共密钥对所有人可见，因此不用进行签名验证。

第四步，用户的交易被广播到比特币网络中，并在几分钟内得到验证。此时，用户的比特币也会从用户的账户转移到 Bit Champ 的地址。

需要注意的是，前两步需要用户或卖方参与，而后两步则由比特币的客户端软件和比特币网络自动执行。同时，还要将私人密钥保存在一个安全的地址，因为得到用户的私人密钥，任何人都能控制用户存在这一地址的比特币，并进行欺诈性消费。

027.
比特币地址、公钥、私钥都是什么？

从 2009 年至今，全球所有的比特币交易记录对所有人都是可见的。交易记录中包括交易流水单号、发币人的发币地址、收币人地址、发币人的找零地址。也就是说，全球所有用户的地址都可以被任何人知道。由此可知，如果中本聪在设立比特币机制时，仅使用"告诉钱包地址是多少"的方式就能完成交易，那么整个交易机制就是危险的，任何人都可以随便将别人的地址假装成自己的地址，跟别人进行交易。于是在整个机制中，也就有了私钥和公钥的概念。

私钥主要用来证明这笔交易的发起人确实是比特币的所有者，它是一串很长的随机数，比如，4KeZdDEu11z3gPrtuX3phjwGnNP4RFd7yyrCVC1j2WLBB9ZXMCJ，就是由钱包替用户随机生成的。一定不能将私钥随意泄露给别人，否则别人就可以轻松地将你的比特币转走，再也拿不回来。所以，使用钱包交易的前提是相信钱包不会盗取你的私钥。

公钥是由私钥通过算法生成的，通过私钥可以计算出唯一一个公钥，但公钥并不能逆向推导出私钥；地址是由公钥通过算法生成，通过公钥可以计算出唯一一个地址，但地址并不能逆向推导出公钥。中本聪设计了如下机制：钱包先将私钥通过加密算法 A 加密，再将加密后的字符串（也叫作签名）、公钥一起发送给矿工；矿工收到信息后，将签名、公钥带入一个验证函数 F

中，如果得出的结果为"true"，矿工就会认为这个交易发起人确实是持币者发起的。

比特币地址、公钥、私钥有什么用呢？

在交易流程中，钱包会用张三的私钥通过加密算法生成一段加密过的私钥，然后与公钥一起写到交易信息里，再发给全球矿工。此时，矿工收到了这笔交易信息，信息里包括：交易流水单号、发币人地址、收币人地址、发币人提供的加密过的私钥、发币人的公钥。矿工将加密过的私钥、公钥带入上面提到的公式中，等待程序验证。如果程序反馈给矿工"true"，即可表明这笔交易确实是持币者发起的；如果程序反馈给矿工"false"，说明这笔交易存在问题，不能被验证通过。如此，张三就不用将自己的私钥发给矿工了，这样既能让矿工简单地验证这笔交易是否由持币者发起，又能保证自己的私钥不外泄。

028.
比特币节点是什么？

网络节点是整个生态链的一环，一直担任着交易确认和广播的工作。

网络节点有很多种，也有不同的分类方法。按照最常见的分法，网络节点有三种：第一种是完整节点；第二种是完整节点的变体，叫作修剪节点；第三种是SPV节点，也称轻量节点。这种分类方式基于两点差异：一是这个节点是否下载了最新最完整的比特币区块链；二是该节点能否独立验证比特币的转账交易，能否独立实现作为一个节点的基本功能。

比特币被设计为一种去中心化的点对点（P2P）网络，是一种节点对节点的网络交易。每笔交易都是由发起方向周围的节点进行广播，节点收到后再广播给周围的节点。最终扩散到全网。每个比特币钱包都是一个节点，其中拥有完整区块链账本的节点叫全节点，数据显示：2017年10月，比特币负责比特币转账交易广播和验证的全网节点约有9300个。转账交易发生后，所有节点一起广播到全网。

美国、德国、法国等拥有的比特币全节点数量最多，中国的全节点数量约占全球5%。运行比特币节点不提供任何奖励，即使不是全节点也能进行比特币转账，因此比特币的全节点数只占节点数的一小部分。

首先，要巨量的机器来维护这一散布全球的网络。比如，为了确认交易的有效性，需要多于一个单独网络的矿工处理交易单，必须通过节点向网络广播。这是交易处理过程的第一步。

其次，要全力挖掘网络潜能。比特币网络不能仅提供交易通道，也要确保安全性。使用随机选取的节点，网络会减少双花问题。可是，比特币不仅需要节点，它还有很多全力工作的节点——在一个机器实体上载有比特币核心客户端和完整区块链的节点。节点越多，网络越安全。

029.
比特币的数字签名是什么？

比特币有一套密码规则，用来解锁和管理货币交易，这种密码叫作"数字签名"。

比特币的数字签名，是在比特币转账过程中由转出人生成的一段防伪造字符串。验证该字符串，不仅能证明该交易是转出人发起的，还能证明交易信息在传输中没有被更改。数字签名由数字摘要和非对称加密技术组成：首先，通过数字摘要技术把交易信息缩短成固定长度的字符串；然后，用自己的私钥对摘要进行加密，形成数字签名；接着，将完整交易信息和数字签名一起广播给矿工，矿工用公钥进行验证，若验证成功，则说明该笔交易确实是对方发出的，且信息未被更改。

非对称加密技术是指，数字签名加密的私钥和解密的公钥不一致。这个过程看起来很复杂，其实在转账过程中只需要输入私钥就能瞬间完成。

比特币既不是数字货币，也不是一段信息，只是一个庞大的信息化链条式的账本，这个账本由无数比特币交易账单组成。每段交易代码里都标明了比特币的交易数额。

账本大致是这样运行的：当 A 同学决定把 1 个比特币付给 B 同学时，他会从自己的比特币钱包中选一个或几个"输入"，将交易信息签名，再广播到比特币网络；网络中的其他一些交易与 Coinbase 交易一起构成一个区块，代表计算机算力的网络矿工对区块内各比特币交易数字的签名有效性进行验证；正确后进行确认，矿工获得Coinbase交易输出的比特币奖励，交易代码输出正常，接收者收到比特币。

比特币的数字签名就像现实生活中的亲笔签字，能够证明交易的真实性，并通过一种数字算法来实现。这种算法能够防止数据被复制或伪造，但与简单的静态密码不同的是，每笔交易数字签名都完全不同。在比特币交易网络中，完全是和陌生人打交道，因此永远不要把密码暴露给别人，以免密码被复制和重新使用。

数字签名取决于交易消息，因此每笔交易数字签名都不同，不能在另一笔交易中再次使用；同时，由于数字签名取决于交易信息的关系，自然也就没有人可以修改该信息了。

030.
比特币总量为何是恒定的？

从2009年中本聪挖出第一个区块比特币创世区块开始，每挖出一个区块的矿工，都会获得50个比特币的奖励。可是，中本聪设计的比特币机制规定：每隔210000个区块奖励就会减半。也就是说，从第1个区块到第210000个区块，每个区块的奖励都是50个比特币；从第210001区块到第420000区块，每个区块的奖励则是25个比特币。

按照每个区块的产出时间为10分钟计算，每210000个区块的产出时间大约是3.99年。即从2009年到2013年，每挖出一个区块，矿工会获得50

个比特币；从2013年到2017年，每挖出一个区块，矿工会获得25个比特币；从2017年到2021年，每挖出一个区块，矿工会获得12.5个……如此减半下去，减半约32次之后，约在2140年，挖矿的奖励就会小于0.00000001比特币，甚至接近0比特币。所以约到2140年，所有的比特币就会全部进入市场，比特币发行完毕，总量2100万个。

这2100万个比特币的发行总量是极限值，但这个数字永远也达不到，因为即使挖100万年，也挖不出2100万个比特币，只是会越来越接近这个极限值而已。如果100万年后挖一个区块奖励的比特币价是0点后面100万亿个0，然后是1，也就说明，其价值只相当于一粒沙子。不过，多年后，即使从区块奖励上得到的奖励只是一粒沙子，用户依然可以从转账费用中获得回报，因此仍然会有人挖比特币。

截至2017年5月26日1时08分，全球共开采出468093个区块，共挖出了16351162.5个比特币，还有4648837.5比特币没有被挖出。比特币的最大优点就是不会出现通货膨胀，因为比特币供应总量永远都不会超过2100万个。

按照中本聪的设计，比特币数量每隔四年减半一次。预计到2140年，比特币总量将达到上限2100万个。程序设计既已如此，因此谁也增加不了比特币的供应量。所以说，比特币的总量是恒定的。

031.
交易的输出和输入是怎样的？

比特币交易的基本单位是未经使用的一个交易输出，简称 UTXO。UTXO 是不能再分割、被所有者锁住或记录于区块链中的、被整个网络识别成货币单位的一定量的比特币。

比特币网络监测着以百万为单位的所有可用的（未花费的）UTXO，当一个用户接收比特币时，金额就会被当作 UTXO 记录到区块链里。如此，一个用户的比特币就会被当作 UTXO 分散到数百个交易和区块中。其实，并没有储存比特币地址或账户余额的地点，只有被所有者锁住的、分散的 UTXO。

"一个用户的比特币余额"是通过比特币钱包应用创建的派生之物，比特币钱包通过扫描区块链并聚合所有属于该用户的 UTXO 来计算该用户的余额。在比特币的世界里既没有账户，也没有余额，只有分散到区块链里的 UTXO。

虽然 UTXO 可以是任意值，但只要被创造出来，就会不可再分。如果一个 UTXO 比一笔交易所需量大，会被当作一个整体而消耗掉，但会在交易中生成零头。例如，用户有 20 个比特币的 UTXO 且想支付 1 个比特币，用户的交易就要消耗掉整个 20 个比特币的 UTXO 且产生两个输出：一是支付了 1 比特币给接收人，一是支付了 19 个比特币的找零到用户的钱包。如此，大部分比特币交易都会产生找零。

比如，一位先生要买 1.5 元的饮料，他掏出自己的钱包并努力从所有硬币和钞票中找出一种组合来凑齐他要支付的 1.5 元。如果可能，他会选正好的零钱（如 1 张 1 元纸币和 5 个 1 角硬币）或小面额组合（如 3 个 5 角硬币）。如果都不行，他会用一张较大面额钞票，比如 5 元纸币。如果他把过多的钱，比如 5 元给了商店老板，会拿到 3.5 元的找零，并把找零放回他的钱包以供未来使用。

同样，一笔比特币交易也可以有任意数值，但必须由用户在可用的 UTXO 中创建。用户不能再对 UTXO 进一步细分，就像不能把 1 元纸币撕开而继续当货币使用一样。用户钱包应用通常会从用户可用的 UTXO 中选取多个可用的个体，拼凑出一个大于或等于一笔交易所需的比特币量。

为了满足付款需要，比特币应用可以使用一些策略。比如，将若干小个体组合在一起，计算出准确的找零；使用一个比交易值大的个体进行找零。所有的这些组合，都是由用户钱包自动完成的，并不为用户所见。只有以编程方式用 UTXO 来构建原始交易，才与用户有关。

被交易消耗的 UTXO 是一种交易输入，由交易创建的 UTXO 是交易输出。通过这种方式，一定量的比特币价值就能在不同的所有者之间进行转移，并在交易链中消耗和创建 UTXO。一笔比特币交易，不仅要通过使用者的签名来解锁 UTXO，还要通过使用新的比特币地址来锁定并创建 UTXO。

当然，对于输出和输入链来说，还有一个例外——Coinbase 交易。这是一种特殊的交易类型，是各区块中的首个交易。这种交易之所以会存在，主要是为了奖励矿工。

输入和输出，究竟哪个是产生？严格来讲，先产生输出，因为可以创造新比特币的 Coinbase 交易没有输入，但可以无中生有地产生输出。

032.
比特币怎么记账？

比特币是使用的工作量证明机制，所有的矿工都会通过自己的最大算力哈希碰撞计算法，争夺最大价值的记账权力。打个比方，网络上每10分钟会出现一道特别复杂的数学题，最快地计算出答案，就可以在这上面进行记账，并且获得产生的比特币奖励。当矿工记录打包本页账单时，大家都要以此为准，接下来会在这一页账单的加密基础上产生，大家就开始新一轮的挖矿竞争了。这种"共识机制"解决了在一个去中心化体系下，账本的唯一性同步性的权益问题。

为了获得记账，矿工需要花费很多的电力、人力等，如果是免费的，肯定没有人愿意这样做了。在获得记账权的同时，获得新发行的比特币，这样的体系才能走得更远。如此，就把比特币的发行和竞争记账绑定在一起，记账人每获得一次记账权力，就会获得系统产生的新的比特币。也就是说，计算最快的计算机，能"挖"到一定数量的比特币。

在每轮记账竞争中，只要获得记账权，就获得了此区块新诞生的比特币奖励和被记录在账单里的交易手续费。在2017年，如果某个矿工在一轮竞争中获得了记账权，不仅会获得12.5个新发行的比特币奖励，还会得到此区块的所有手续费——大约零点几到2个比特币。

如今，随着新生比特币每四年的减半，新生比特币奖励越来越少，但矿工依然有动力去挖矿。因为他们还能获得其他收入,即大家给的比特币转账手续费。

033.
比特币怎么转账?

使用比特币和平时的网上转账一样,只要下载比特币钱包 APP,就能通过比特币钱包付款收款了。当然,在转账过程中,一定要牢记密码,因为比特币钱包是匿名的,不经过任何认证,一旦密码丢失,任何人都无法打开你的钱包,钱包里的比特币就彻底废弃了,永远不会再进入流通;同样,如果钱包密码被盗,那你将永远无法追回,因为是匿名的,无法证明这个钱包是你的。所以,一般要把比特币钱包与网络分开,可以打印在一张纸上,做成比特币"纸钱包";也可以储存在一个硬件储存器上,叫"硬件钱包"。

一笔比特币交易的生命周期开始于其被创建的那一刻,也就是诞生。之后,比特币交易会被一个或多个签名加密,这些签名标志着对该交易指向的比特币资金使用的许可。接着,比特币交易就会被广播到比特币网络中。

在比特币网络中,会对每一节点(比特币交易参与者)进行验证,将交易广播到网络中,直到这笔交易被网络中大多数节点接收。最终,比特币交易会被一个挖矿节点验证,并被添加到区块链上一个记录许多比特币交易的区块中。

一笔比特币交易一旦被记录到区块链上并被足够多的后续区块确认,就会成为比特币总账簿的一部分,并被所有比特币交易参与者认定为有效交易。于是，被这笔交易分配到一个新所有者名下的比特币资金，就可以被使用在新的交易中，从而促使所有权链得以延伸且再次开启一个新的比特币交易生命周期。

比特币转账手续很简单，但完成一笔转账需要很长时间，一般人都无法坚持下来。很多人都习惯使用人民币网上支付转账，传统的电子支付有个"中心"，可以验证用户的信息，核实无误即刻转账，速度很快。而比特币却没有"中心"，需要依靠新开采出来的区块链验证转账信息，因此花费时间较长。

034.
比特币转账需要付手续费吗？

为了在网络安全方面给比特币矿工一种补偿，大多数交易都包括交易费。大多数钱包都会自动计算并计入交易费，但如果编程构造交易，或者使用命令行接口，就要手动计算并计入这些费用。

交易费可以看作是一笔交易到下一个区块中的一种鼓励，也可以看作是对于欺诈交易和系统滥用的一种有效防御。一旦交易费被挖出该区块的矿工得到，就会被记录在这个交易的区块链中。

基于交易的尺寸，交易费通常都是用千字节来计算，而不是用比特币价值。也就是说，交易费是基于市场设置的，在比特币网络中发挥效用。矿工要依据许多标准，按重要性对交易进行排序，不仅包括费用，甚至还可能在某种特定情况下免费处理交易。

交易费影响处理优先级，只有费用足够的交易，才可能被包含在下一个挖出的区块中；交易费不足或没有交易费的交易，则可能被推迟，基于尽力而为的原则在几个区块后被处理，甚至可能根本不被处理。交易费不是强制的，没有交易费的交易也许最终会被处理，但包括交易费能够提高处理的优先级。

随着时间的不断流逝，交易费的计算方式和在交易优先级上的影响一直都在发展。开始的时候，交易费是网络中的一个固定常数。为了便于被市场基于网络容量和交易量而强制影响，渐渐地，交易费的结构就被放宽了。目前，最小的交易费被固定在每千字节0.0001比特币，或每千字节万分之一比特币，最近一次改变是从千分之一比特币减少到这个数值。大多数交易少于1000字节，但包括多个输入和输出的交易尺寸可能更大。在未来的比特币协议修订版中，钱包应用大概会使用统计学分析，即基于最近的几笔交易平均费用，计算出最恰当的费用并附在交易上。

比特币系统的一系列网络规则中包含手续费规则，这一系列规则也就是"客户端要做什么"。当用户使用比特币客户端发送比特币的时候，整个过程大致如下：

客户端主要负责收集用户钱包里的比特币余额，因为用户收到的每一笔比特币都存在用户的钱包里，直到花掉它们。如果输出小于0.01比特币（包括用户钱包内部的资金变动），就要支付0.0001的手续费，即使是自己转给自己。钱包在为用户准备支付金额时有一个既定规则，就是在众多输入中筹备支付金额时，尽量不要产生小于0.01BTC的金额变动。比如，要支付5.005比特币，钱包要尽可能选择3+2.005或者1+1+3.005，而不是5+0.005。

数额越大、币龄越高，优先级就越高。如果发送金额太小或者比特币刚开采出来不久，那么用户的转账就不在免费之列。每一个交易都会分配一个优先级，这个优先级通过币的新旧程度、交易的字节数和交易的数量来确定。具体来说，对于每一个输入来讲，客户端会先将比特币的数量乘以这些币在块中存在的时间，然后将所有的乘积加起来除以此次交易的大小（以字节为单位）。

每千字节的收费，在转账的最后客户端，都会检测本次转账的大小，其大小一般取决于输入和输出数额的大小。如果该次转账超过了10000字节但优先级符合免费标准，那么依然可以享受免费转账，否则需要支付手续费；每1000字节的费用默认是0.0001比特币，也可以在客户端进行追加，操作方法为：依次选择"设置→选项→主要"选项进行手续费调整；如果设置的手续费小于0.0001比特币，则按0.0001计算。

035.
从发出交易到矿工打包需要几步？

发起一笔比特币转账后，要将交易广播到全网，挖矿节点接到这笔交易后，先将其放入本地内存池进行基本验证，比如该笔交易费的比特币是否是未被花费的交易。验证成功，就要将其放入"未确认交易池"，等待被打包；验证失败，该交易就会被标记为"无效交易"，不会被打包。也就是说，挖矿节点不仅要比拼算力，还要及时验证每笔交易，更新自己的"未确认交易池"。节点抢到记账权后，会从"未确认交易池"中抽取约近千笔"未确认交易"进行打包。有时交易无法被及时打包，是因为"未确认交易池"中的交易笔数太多，而各区块能记录的交易笔数有限，因此很容易造成区块拥堵。

那么，比特币矿工什么时候停止打包交易？是否会出现交易不一致或交易遗漏的情况？其实，10分钟是系统找到一个有效交易链块所需的平均时间，基于运气，这个时间会稍长或稍短。在挖矿激励下，不断验证发生的交易会产生新区块，如果来不及验证，就要排队等待；如果想提高被验证的优先级，就需要支付更多的手续费。

区块产生机制决定了打包交易不一致和矿工选择性验证是不可能的。因为规则是固定的，不按照这个规则挖矿，就会产生一条不被认可的分叉；无法获得奖励，就没人选择，毕竟挖矿成本很高。

036. 比特币的找零机制是怎样的？

一直以来，比特币的找零机制都是一个令人迷惑的问题，本来只向一个地址发送了比特币，为什么区块链上显示的却是一个地址对多个地址，有时是多个地址对一个地址，有时又是多个地址对多个地址？为什么比特币资深用户要提醒大家：当比特币钱包交易超过100次时再次交易要重新备份钱包，恢复以前的钱包备份可能会遭遇损失？究其原因，是比特币的找零机制。

在比特币钱包中，比特币都是累积在一起的，是一个整体。当用户购买他人的比特币进行支付时，比特币也会通过整体的形式进行支付，之后再按照比特币钱包的找零机制进行找零分配，如此，剩余的比特币就会以其他地址的形式回归到用户的比特币钱包中。

比如，用户钱包里有一张20元的人民币，想在超市买一包价值12.5元的糖，他只能将整张 20 元纸币递给商家，之后商家将会支付给用户一张 5 元、两张 1 元的纸币和一个 5 角的硬币。在这笔交易中，商家找零的每笔钱，都可以理解为一个比特币地址。当然，用户的比特币钱包地址与对方地址不仅会出现一个地址对多个地址的情况，也会出现多个地址对多个地址、多个地址对一个地址的情况。

比特币钱包文件中包括了所有找零地址的私钥，可以正常接收或发送比特币。但是，在比特币官方客户端的界面上，并不会将这些找零地址显示在地址簿中，也许是为了提高匿名性，也许是为了减少客户困惑。比特币客户端开始时只会产生 100 个客户专属地址私钥（称为私钥池），创建找零地址时，会优先使用其中的一个地址；但当这些地址都被使用完，又会新创建 100 个以外的新找零地址。

第03章
区块链转账原理

区块链的交易并不是通常意义上的一手交钱一手交货的交易，而是转账。区块链有五大关键技术，基于这些关键技术的运作过程，区块链记录的信息一旦生成将永久记录，几乎无法篡改。区块链信用系统的建立非常重要，完善的信用系统可保障对价值交换活动的记录、传输、存储结果是可信的。除了论述区块链关键技术及运作原理、区块链信用系统外，本章还解答了区块链转账流程步骤、区块链技术支付转账优势、区块链公开的分布式记账方面的问题。

037.
区块链关键技术及运作原理是什么？

区块链并非单一创新技术，而是将许多跨领域技术凑在一起，包括密码学、数学、演算法与经济模型，并结合点对点网络关系，利用数学基础就能建立信任效果，成为一个无须基于彼此信任基础，也无须仰赖单一中心化机构就能够运作的分散式系统，而比特币便是第一个采用区块链技术打造出的一套 P2P 电子现金系统，用来实现一个可去中心化并确保交易安全性、可追踪性的数位货币体系。不过，区块链究竟是如何运作，使其被称作信任机器的？一笔交易到底要如何在一个彼此互不信任的 P2P 网络中，不经由传统的信任机构（如银行、证券交易所、第三方机构等中心化机构）就能完成交易验证？

要搞懂区块链运作原理，可先区分出交易与区块两个部分，这里我们分别从区块链中一笔交易产生到完成验证的流程，来了解区块链的运作原理，并进一步拆解五大区块链关键技术，看它是如何做到大家口中的基于零信任基础、去中心化、可追踪又不可篡改的。

一、区块链的关键技术

区块链的关键核心技术包括：采用哈希算法来进行工作量证明，让区块链中的各节点有机会参与验证，提高公正性；交易过程中，采用椭圆曲线数位签章演算法来确保交易安全,并在每笔交易与每个区块中使用多次哈希函数及 Merkle Tree,不仅可以节省储存空间,还可以将前一个区块的哈希值加入新区块,让各区块环环相扣,做到可追踪且不可篡改,同时使用时间戳来确保区块序列。下面,我们就来依次解释这些关键技术。

1. 采用工作量证明达到去中心化和公正性

工作量证明是让任一运算节点花费时间和运算资源计算出一组数学公式。要想完成一次有效的工作量证明,须经过一连串的尝试与失败。不过,一旦这个数值被计算出来,其他参与节点也能用相关的数学公式轻易地验证此值是否有效。

2. 每笔交易采用椭圆曲线数位签章演算法与加密演算法

比特币区块链采用的是椭圆曲线数位签章演算法与加密演算法,二者都是公开金钥加密演算法。公钥加密技术发明于 1970 年,也称双金钥密码安全系统,每个使用者都会拥有公钥与私钥两把钥匙,公钥可让其他人知道,而私钥则只有本人知道。如果 A 要传送一条信息或交易给 B,就要使用 B 的公开金钥来对这份交易进行加密;而加密过的信息或交易,只有使用 B 的私密金钥才能解开。

3. Hashcash 演算法及多种哈希函数,确保资料不被篡改

区块链采用 Hashcash 演算法来进行工作量证明。Hashcash 可以将任意长度的资料由哈希函数转换为一组固定长度代码,原理是基于密码学上的一种单向杂凑函数,还回推出原本的值。

4. 由 Merkle Tree 将众多信息缩短成一个哈希值

在比特币区块链中,每笔交易产生后,都要被哈希成一段代码,才能广播给各节点。当然,为了节省储存空间并减少资源耗费,比特币区块链的设计还要采用 Merkle Tree 机制,让数百到数千笔的交易哈希值,由两两一组形成一个新哈希值,不断重复,直到最后产生一组哈希值,即 Merkle Tree

Root。Merkle Tree 机制可以大大减少资料传输量与运算资源消耗，验证时只要对 Merkle Tree 的 Root 值进行验证即可。

5. 用时间戳伺服器确保区块序列

比特币采用时间戳伺服器机制，将每个区块 Hash 后加上一个时间戳并发布出去，这个时间戳用来证明资料在特定时间的有效性。每一个时间戳章会与前一个戳章一起进行 Hash，且这个哈希值会再与下一个时间戳章进行 Hash，进而形成一个用来确保区块序列的链条。

二、区块链的运作原理

在比特币区块链中，一旦某笔交易由某个节点或钱包产生时，这笔交易就要被传送给其他节点来验证。具体做法是：将交易资料由数位签章加密，由哈希函数得出一串代表此交易的唯一哈希值，再将这个哈希值广播给比特币区块链网络中的其他参与节点。

一笔新交易产生后，就会被广播到区块链网络中的其他参与节点，之后各节点会将数笔新交易放进区块。每一节点会将数笔未验证的交易哈希值收集到区块中，各区块能包含数百笔或上千笔交易；取得验证权的节点会将区块广播给所有节点，最快完成 POW 的节点会将自己的区块广播给其他节点；其他节点确认此区块包含的交易是否有效，确认没被重复花费且具有效数位签章后，接受该区块。所有节点一旦接受该区块，前面没算完 POW 工作的区块会失效，各节点会重新建立一个区块，继续下一次的 POW 计算工作。

可见，区块链原理并不复杂，其广泛应用也就理所当然。如今，在把区块链原理应用到现实的过程中，已经有很多公司得到了丰硕的成果。比如，布比公司是国内领先的区块链服务商，在区块链技术平台方面已经取得多项突破，能够满足数千万级用户规模的场景，具备快速构建上层应用业务的能力。

038.
建立区块链信用系统需要哪些步骤？

中本聪知道，要想建立一个支付系统的信用，就要解决"重复支付"问题，也就是不能造假币。

中心化的信用系统主要依赖国家机器来防止造假币。"比特币"怎么办？中本聪进行了伟大的创新——给每笔交易"盖时间戳"。每10分钟一个区块，把这10分钟的全网交易都正确地盖上时间戳。那么，由谁来盖呢？中本聪认可亚当·斯密的观点：市场上的人都很贪婪。于是，他就让自称"矿工"的人去竞争这10分钟一个区块的记账权。竞争的规则是：正确记账，解决SHA256难题，即只要证明自己的计算机算力最快，就能竞争到这10分钟区块的合法记账权，并得到25个比特币的奖励。

这就是俗称的挖矿过程，其实也是一个建立全网总账的过程。从这个意义上来说，矿工更本质的职能是"记账员"。

中本聪在其比特币白皮书中比较详尽地叙述了这个信用系统建立的过程。

第一步：每一笔交易都是为了让全网承认有效，必须广播给每一节点。

第二步：每个矿工节点要正确无误地给这10分钟的每笔交易盖上时间戳，并且记入该区块。

第三步：每个矿工节点都要通过解决SHA256难题，来竞争这个10分钟区块的合法记账权，并争取得到 25 个比特币的奖励（前四年是每 10 分钟 50 个比特币，每四年递减一半）。

第四步：如果一矿工节点解开了这 10 分钟的 SHA256 难题，就要向全网公布自己这 10 分钟区块记录的所有盖时间戳交易，并由全网其他矿工节点核对。

第五步：全网其他矿工节点核对该区块记账的正确性，正确无误就会竞争下一区块，继而形成一个合法记账的区块单链，也就是比特币支付系统的总账——区块链。

通常，每笔交易都要经过六次区块确认，也就是要经过六个 10 分钟记账，才能最终在区块链上被承认。所以，比特币就是这样一个账单系统：所有者用私钥进行电子签名并支付给下一个所有者，然后由全网的"矿工"盖时间戳记账，形成区块链。

039. 区块链转账流程需要哪些步骤？

每笔转账都要构造一笔交易数据，比较笨拙，为了使价值易于组合与分割，比特币的交易就要被设计为可以纳入多个输入输出，即一笔交易可以转账给多个人。其具体要经过以下步骤。

第一步：生成交易。当前所有者利用私钥对前一次交易和下一位所有者签署一个数字签名，将此签名附在这个货币末尾，制作成交易单。

第二步：传播交易。当前所有者将交易单广播到全网，各节点将收到的交易纳入一个区块中。

第三步：工作量证明。各节点通过相当于解一道数学题的工作量证明机制，获得创建新区块的权力，争取得到数字货币的奖励。

第四步：验证，即整个网络节点的验证。当一节点有解时，就向全网广播该区块记录的所有盖时间戳的交易，并由全网其他节点进行核对。

第五步：记录到区块链。全网其他节点核对该区块记账的正确性，确认正确无误后，在该合法区块后竞争下一个区块，形成一个合法记账的区块链。

040.
区块链技术支付转账有哪些优势？

先来看一个案例。

新加坡是亚洲金融中心之一，在新加坡加密货币和区块链行业协会，行业精英齐聚一堂，参加论坛、峰会，支持此领域的初创企业。同时，新加坡政府也一直大力关注、鼓励并支持在区块链技术应用方面做出努力的人。

新加坡金融管理局（MAS）、R3（一个区块链技术公司）和一个金融机构联盟，组织了一个概念验证项目——利用区块链技术进行银行间支付，最终建立一个以区块链为基础的银行间支付系统，不受时区差异和办公时间限制，让全球市场参与者全天24小时快速交易。

先期开发一个试点系统，使用区块链基础设施在市场参与者之间发放和转移资金。该系统记录和验证支付的软件，通过去中心和分发式工作方式，能更有效地防止系统故障，提高系统可复原性。同时，因为区块链中的交易记录信息不可更改，因此参与者可以降低长期记录的保存成本。

区块链技术有可能使金融交易和流程更加透明、更有弹性、成本更低；项目的试验成果将有助于MAS和整个行业开发出比当前交易系统更简单、易用和更有效的替代系统；同时为未来项目提供指导，如跨境支付、证券发行的自动化、使用区块链技术的交易和结算。

其实，新加坡本地银行（华侨银行）OCBC早已试验成功，使用区块链技术完成了一次马来西亚子公司之间的跨境支付，成为东南亚地区第一家使用区块链技术完成跨境支付的银行。

这次支付试验也出现了BCSIS（即在马来西亚华侨银行和新加坡银行之间，使用由华侨银行和当地银行支付解决方案公司BSC信息系统）的身影：转账使用的区块链解决方案，就是华侨银行和BCSIS联合设计的。试验后，华侨银行打算将区块链技术的使用拓展到其他金融产品和服务应用上；BCSIS将对区块链支付解决方案进行研究和整合，允许新加坡银行跳过中介，直接完成与海外银行间的跨境支付转账。

上面这些都体现了新加坡政府的"智慧国家"创意，智慧金融是其重要的组成部分。

下面，我们就对应用区块链技术进行支付转账的优势做个总结：

1. 更安全

资金转账的数据完全记录在数字分类账本上，账本一经加密，就不能修改。如此，就保证了交易信息的私密性和安全性，也降低了欺诈风险。

2. 更快速

利用区块链、分布式账本技术，不仅减少了中间机构，还减少了银行职员手动处理步骤，跨行转账成了银行点对点，直接减少了处理时间。比如，前面提到的OCBC转账，在正常情况下，OCBC新加坡和OCBC马来西亚之间的转账时间约1天，但如果用区块链，5分钟即可完成。

3. 更透明

随着中间机构的下岗，支付和收款等交易流程、交易信息，给钱方和收钱方都会清晰可见。

4. 低成本

区块链的数字分类账本具有天生的分布性，去掉了中间机构，消除了手动处理，省时省力。

041.
区块链技术处理汇款有哪些优势？

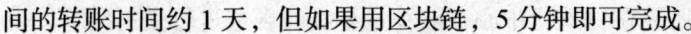

如今，传统商业模式正遭到颠覆性技术的挑战，该技术发展速度甚至很难赶上。可是，如果有办法可以解决企业和个人遇到的问题，大多还是受欢迎的。其中一个问题就是，大量外籍人口依赖于现金跨境汇款。比如，海湾地区汇款行业规模多达1000亿美元，阿拉伯联合酋长国就有190亿美元；耗时长，银行、货币兑换公司和央行都是中介。

汇款流程的模式共有这样几个：pre-fund模式、post-fund模式和subsidy模式。其中，pre-fund模式呈现通道形式，比如India-UAE、UAE-Pakistan、UAE-China。pre-fund模式允许付款机构快速与收款方代理或银行进行净额结算，客户可以更快地获得资金；post-fund模式，收款行将款项预付给收款人，如果付款行出现故障，就要承担损失。这些模式增加了双方成本，比如在pre-fund模式中，转账机构必须在收款行保留一定资金，没有利息才能尽快完成交易；同时，还要在付款行中心存储等量金额的现金进行交易结算，也没有任何利息。这种汇款流程需要一至两天，其中包含的冗长的数字轨迹，需要经过央行的清算流程。

使用这些中介的成本是跨境汇款的问题。比如，西联汇款（Western Union）、Money Gram等转账机构无论汇款金额多少，都收取Dh10～Dh20的固定费用。这种转账机构提供在汇入商业中心提款的选项，或者可以将金额记入收款方银行账户；前笔交易需要一小时，后笔交易需要一至两天，这主要取决于转账机构之间的网络情况。于是，区块链技术出现了。

区块链是开放的分布式账本，可以记录两方的交易信息，使用户可以实时验证交易，不需要中央机构；网络会检查每笔新交易，一旦获得认可，就会加入区块链。那么，区块链如何变革汇款行业呢？比如，它可以减少时间，典型的比特币转账中，区块链网络的确认需要10分钟；可以降低成本，跨境汇款费用一般是交易金额的5%，付款行、收款行和进行清算的央行都从中获得费用，区块链避开这些中介，大幅度降低了成本……该颠覆性技术展示了在变革这些商业模式中的能力。

042.
什么是区块链公开的分布式记账？

区块链技术本质上是一个公开的分布式账本（分布式账本数据），因此如果从账本的演变也就是记账的历史演变来理解，恐怕就明白了区块链为什么而生，它解决了安全性和建立信任两个关键的问题。

传统的记账方式是中心化的。我们以一个家庭为例来极度简化这个背景环境，以最简单的方式来阐述。假设这个家庭有爸爸、妈妈和儿子小A。他们是这样记账的：

第一天，妈妈买菜花了50元，于是爸爸做记录："妈妈买菜花去50元，2017年12月10日。"

第二天，小A花2元买了一根棒棒糖，于是爸爸做记录："儿子买棒棒糖花去2元，2017年12月11日。"

第三天，爸爸想抽烟，妈妈不允许爸爸抽烟，爸爸就偷偷买了一包烟，花了20元，但不记账。

第四天，小A发现了爸爸抽烟，但是爸爸为了收买儿子，以免举报，就又偷偷给儿子买了一个棒棒糖，但爸爸也没有记账。

如此，这个账本就完全不可信了，而且这种记账方式也非常不安全，一旦损毁或丢失，就无法恢复，变成一本烂账。由此可见，这种中心化的记账方式，不仅无法保证数据的安全性，还无法建立可信的机制。如果银行、企业的财务账本出现了假账，将会出现什么样的后果？如果他们的财务数据突然被一把火烧了，灾难也可想而知。

目前，中心化的记账方式主要通过人员素质的甄别、内部管理机制等形式来进行规范和防范，但依然无法阻止这种情况的发生。那么，有没有更好的方式呢？有！这就是区块链的核心机制——公开的分布式记账。

区块链在记账时会把账页信息（包含序号、记账时间、交易记录）作为原始信息进行Hash，得到一个哈希值，如787635ACD，用函数表示为Hash（序号0、记账时间、交易记录）=787635ACD。

账页信息和哈希值组合在一起就构成了第1个区块。比特币系统里约每

10分钟记一次账,即每个区块生成时间大概间隔10分钟。

记第2个账页时,会把上一个区块的哈希值和当前的账页信息作为原始信息进行Hash,即Hash(上一个哈希值、序号1、记账时间、交易记录)=456635BCD。如此,第2个区块不仅包括了本账页信息,还间接包括了第1个区块的信息。按照此方法继续记账,最新的区块就会间接包括过去的所有账页信息。所有区块组合起来就会形成区块链,如此就构成了一个便于验证、不可更改的总账本。

043.
如何保证用户有足够的余额?

如果只有10个币,要发起一笔转20个币的交易,怎么办?这个问题很好解决,因为区块链上记录着所有的比特币交易记录,只要回溯所有的和账户有关的历史交易,就能知道该账户上到底有多少余额;余额不正确,矿工就会拒绝记录用户的交易。

最初的比特币是由系统奖励给记录区块的矿工的。每个区块生成的时候,系统就会在矿工的账户上生成一定数量的新比特币作为奖励。

044.
区块链转账为什么能按字节收费？

人们经常在银行间进行转账，银行间转账手续费一般是按照转账金额的一定比例收取。比如，跨行转账手续费为1%~5%，异地转账的手续费为1‰~1%；而跨国转账，不仅要支付以上手续费，每笔还要支付50元至200元的电报费。

区块链本身是全球化的，没有跨国的概念，区块链资产之间的转账手续费与具体的转账金额大小无关，按字节收费。以比特币转账为例，一笔普通交易约占250字节，手续费为0.001至0.0015个比特币（20元至30元），如果要在一笔交易中同时转账给多个比特币地址，交易所占字节数会更大。所以，只有多付一些手续费，才会有矿工及时打包用户的交易。即便如此，从转账成本来看，用区块链进行跨国转账还是有很大的优势。

第04章
区块链产业链上游——挖矿

挖矿处在区块链产业链的上游。挖矿是消耗计算资源来处理交易，确保网络安全及保持网络中每个人的信息同步的过程。在最后一个比特币发行之后，挖矿仍然是必需的。因此，本章解答了区块链挖矿的价值、比特币挖矿机及其特点、比特币挖矿机工作原理和步骤等挖矿过程中需要了解的问题。

045.
区块链挖矿到底在挖什么？

要想理解挖矿，就要先搞清楚区块链的结构。

每个区块都包括两个部分：区块体和区块头。区块体有大小限制，不能被无限放大；区块最初的大小被限制在1M字节，这是因为在Segwit被激活之前，根据比特币网络建立之初达成的共识，比特币网络节点只能识别不大于1MB字节的区块。

区块头主要用来记录说明信息，而区块体则用来记录"交易"。真正的数据记录在客户端的数据库列表中。区块链的结构中重要的是区块头。区块头共有六个字段，分别是：版本号、前一区块的哈希值、梅克尔根、预设的难度值、时间戳、要寻找的随机数。

其中，版本号主要用于区分软件的升级换代，在一段时间内不变且相同；前一区块的哈希值就是前一区块头的哈希值，10分钟的挖矿过程，在所有矿机中，这个值都不变；梅克尔根也是一个哈希值，由列表中的各交易两两递归生成一个总哈希值；预设的难度值强调，10分钟内所有矿机中的这个值不变且相同；要寻找的随机数就是要获得挖矿奖励的核心要素。挖矿过程就是对上面这六个字段进行一系列转换、连接和哈希运算，不断地寻找随机数，最后成功找到一个随机数满足条件。

当经过哈希运算后的值比预设难度值的哈希值小时，挖矿就成功了。当然，不管挖矿是否成功，每一节点都要预先把奖励的50个比特币、所有交易的手续费记录在交易列表的第一项，输出地址就是本节点的地址。如果挖矿不成功，这笔交易就作废，没有任何奖励。

046.
比特币挖矿机及其特点是什么？

比特币挖矿机是用于赚取比特币的计算机，有专业的挖矿芯片，采用烧显卡的方式工作，耗电量较大。用户用个人计算机下载软件，运行特定算法，与远方服务器通信。挖矿，是获取比特币的方式之一。

比特币是一种虚拟货币，其挖矿制度就是通过计算机硬件为比特币网络开展数学运算。挖矿成功后，提供服务的矿工可以得到一笔报酬。网络报酬依据矿工完成的任务来计算，因此挖矿的竞争十分激烈。如今，挖矿活动转移到现场可编程门阵列上来，通过优化就能实现哈希速度，效率非常高。

1. 比特币挖矿机的价格和性能

比特币挖矿机的价格从200元到20万元不等。过去使用老机器，100天才能挖到1个比特币；2013年出厂的高配置的比特币挖矿机，售价涨到30万元，性能也有所提高，100天就能挖到3.5个比特币。资料显示：一台售价3000元的最低配置的比特币挖矿机，按照比特币挖矿速度，三十多天就可以回本；采矿速度10G/s的机器，每24小时能挖到约0.03个比特币；13G/s的机器，按照2013年的全网算力和难度，每24小时能挖大约0.035个比特币。

2. 比特币挖矿机的产值

按照比特币产出的运算公式，每场游戏的奖励几乎每四年就会减半，最终达到极值 2100 万个；而每逢这个节点，比特币都会大幅升值。这种没有中央银行控制的货币，与不断量化宽松的现实货币比起来，也会不断升值。

3. 比特币挖矿机的硬件支出

挖矿包含着性能和装备的竞争，由众多显卡组成的挖矿机，即使只是 HD6770 这种中低端显卡，一旦"组团"，运算能力也能超越大部分用户的单张显卡。有些挖矿机由众多显卡阵列组成，使用数十乃至过百张显卡，费用巨大，如果再加上硬件等各种成本，挖矿支出就更大了。

047.
比特币挖矿机是如何进化的？

比特币挖矿开始于中央处理器（CPU）或者图形处理器（GPU）这种低成本的硬件，随着比特币的流行，挖矿的过程出现较大变化。在比特币挖矿机制造业，谁掌握了最新的制程工艺，谁就等于掌握了一个挖矿机的时代。那么比特币的挖矿工具是如何从一开始的中央处理器或者图形处理器逐渐演变到专业计算芯片矿机的呢？在挖矿工具不断迭代期间，究竟发生了哪些不为大众所知的事情？下面就来看看。

在挖矿初期，任何一台计算机都能进行挖矿；同时，挖矿难度极低，人们使用处理器，就能简单地开始工作。虽然中央处理器性能强大，但由于逻辑过于复杂，并不适合简单无脑的巨量工作；而显卡的多处理器特性，以及天生适合大量暴力运算等特点,使其能够迅速进入业内人士的视线。

初期,还没有特别强烈的"矿工"概念,大家都是用自己的个人计算机进行挖矿;比特币也只是极客间的潮物,并没有太多人关注它。被人们熟知的第一笔比特币交易出现于2010年,美国程序员拉丝勒用1万个比特币交换了两个价值25美元的比萨。后来,用显卡挖矿的方式越来越普遍,广大矿工开始疯抢显卡,从2012年开始就引发了显卡抢购热潮,到2017年11月至12月比特币的价格已经达到2万美元。

第一波专业矿机的标志是"南瓜张"发明的阿瓦隆矿机。这种矿机用阿瓦隆V1芯片制造,每台矿机的计算能力相当于数百台计算机。前几批购买了阿瓦隆现货的矿工,仅用三天时间就回本了。矿机芯片的成本占整台矿机的七八成,当时一台矿机的售价达到7000元左右。组装矿机者便使用预订方式,将风险和成本转移到矿工身上。矿机的价格是随着比特币的价格不断变化的,当币价上涨的时候,矿机价格也会随之上涨。

在时间就是金钱的年代,早一天推出新一代矿机,就能早一天得到财富。在阿瓦隆矿机还没有推出全新产品时,"比特大陆"的蚂蚁矿机突然出现,在拥有相同算力的情况下,功耗比阿瓦隆矿机降低了好几倍,还做到了现货供应,只不过噪声大。

此外,烤猫制造也是业界奇葩,他们推出了刀片矿机以及USB矿机。一个仅比U盘大一点的矿机计算能力就能做到300MH/s,相当于一块中端显卡,且功耗几乎可以忽略不计。如果直接插到电脑USB接口上,每个USB矿机的电流会低于400mA,与显卡的功耗比起来,简直就是九牛一毛。在散热和占地面积上,刀片矿机比传统矿机拥有更加强大的优势;同时,配合"浸没式冷却"系统,矿机的占地面积大大缩减,使得矿机更加集中,一步步地迈向集约化。

不过,现在依然没有出现这pH/s算力的专用挖矿芯片,如此下去,挖矿多半会持续影响显卡市场。有一段时期，市面上只要是能挖矿的显卡都处于缺货状态，其价格基本上靠其挖矿的算力来确定。

048.
比特币挖矿机有哪些工作步骤？

比特币挖矿机工作流程遵循以下几个步骤。

第一步：找到矿池。挖矿之前，矿工必须找到一个操作方便、产出稳定的矿池。这个矿池为各终端细分数据包，通过精密算法，将终端计算好的数据包按照比例支付相应的比特币。选择时，矿工一定要对比各矿池的产出和收益差距。比如，www.btcguild.com 矿池，对于新手来说更简单易用。操作的具体流程是：打开主页，直接免费注册账号；注册、登录后，进行必要的设置，填写好电子邮箱地址；写好比特币电子钱包地址，如果没有固定的电子钱包，就先不填写，挖到一定数量的比特币后，再更新钱包地址。

第二步：下载比特币挖矿器（软件）。比特币挖矿器有很多种，新人一般使用小巧易用的 GUIMiner。这是个绿色的软件，能够支持 CPU、OpenCL、CUDA 等多种计算模式，从而保证设备——包括 CPU 和显卡，都能发挥出最大性能，以更快地获取比特币。GUIMiner 下载官方网址为 http://guiminer.org/。

第三步：设置挖矿软件。GUIMiner 是个绿色软件，安装完成后，可以先设置语言，方便进一步设置。界面改为中文后，新建一个采矿器，如果用户是 A 卡，就用 OpenCL；如果是 N 卡，就用 CUDA 采矿器。接下来，对采矿器设置服务器、用户名、密码、设备等。将这些设定完成后，就能正式开始采矿了。

第四步：开始挖比特币。确认各种信息都设定无误后，单击"开始挖矿"按钮，开始挖比特币。很快，显卡就会进入全速运行状态，温度升高，风扇转速提高。这时，矿工可以通过 GPU-Z 或显卡驱动来监控状态。值得注意的是，由于只是显卡在满载运行，CPU 的负载只有个位数，所以丝毫不会影响矿工、对该计算机进行上网、处理文件等操作。

049.
如何将挖矿机接入比特币矿池挖矿？

在决定挖比特币之前，准矿工首先要了解两件事情：一是初步了解挖掘比特币的原理，了解比特币是什么；二是必须拥有一台比特币矿机，又称比特币挖矿机。下面开始介绍如何将矿机接入比特币矿池挖矿。

2017 年 2 月，BTC.com 矿池首创了"FPPS"结算模式，即"FullPPS"（完全 PPS），指的是对包括交易费在内的全部区块收益进行分配，可提升 5%~15% 的收益。此外，该矿池独有的软件服务，如批量管理、智能代理、一键切换等功能，都深受广大矿工的喜爱。目前，加入 BTC.com 矿池的矿工越来越多。

如何在 BTC.com 矿池挖矿？2017 年 10 月 23 日，比特币矿池在过去三个月的出块数为 1558 个，BTC 矿池算力占比 11.3%，全网排名第三。新矿工想把矿机连接到 BTC.com 矿池，只要经过以下四个步骤（以单台蚂蚁矿机为例）即可。

第一步：准备工作。其顺序依次如下：①准备物料。准备网线、蚂蚁矿机一台、电源一个和计算机一台（计算机用来设置软件，不直接参与实际挖矿工作）；②在计算机上安装可识别矿机 IP 的软件 IP Reporter；③在 BTC.com 矿池官网注册账号：电话/邮件注册→设置子账户→注册完成将自动返回用户面板；④在 BTC.com 矿池注册账户后，用户根据不同需求建立多个子账户。账户管理页面方便编辑各子账户，如修改地址、设置报警等。

第二步：矿机接线。其顺序依次如下：①将网线插入矿机的网线接口；②将矿机专用电源的数根连接线分别插入矿机的算力板和控制板的所有对应接口；③接完矿机上面所有的接口，电源通电。这时，如果矿机网线接口处的绿灯亮起，代表已开始运作；如果红灯亮起，则需要重新安装。

第三步：设置矿机 IP。其顺序依次如下：①打开电脑已安装的矿机 IP 识别软件 IP Reporter，单击 Start 按钮；②按住矿机网线接口旁的 IP Reporter 键两三秒后松开；③通过这些操作在电脑上显示这台矿机的 IP 地址；④将该矿机的 IP 地址复制到浏览器中，按 Enter 键；⑤此时浏览器弹出身份验证，填入默认账号，进入矿机的管理后台页面。需要说明的是，如果有多台矿机，可以从 BTC.com 矿池官网工具栏下载批量管理工具，对矿机进行批量配置。

第四步：将矿机连接到矿池。其顺序依次如下：①打开 BTC.com 矿池官网的用户面板，滑动至页面下方，可以看到 BTC.com 矿池的挖矿服务器的节点地址，进行复制；②转到矿机的管理后台页面，单击 Miner Configuration 按钮，分别在 3 个 URL 处填入挖矿服务器的挖矿地址，在"Worker"处填入矿工名；③单击 Save Apply 按钮，连接到矿池；④查看矿机目前运行情况，单击上方的 Miner Status 按钮，刷新几次就能看到矿机的算力状况等信息。如果想查看收益，只要返回 BTC.com 矿池用户面板，就能查看对应的子账户；拉到用户面板下方，就能看到收益信息。

050.
什么是比特币的矿场？

比特币挖矿就是利用赚取比特币的计算机，下载专用的比特币运算工具，与远方服务器进行通信，得到相应的比特币。随着挖矿人数及挖矿成本的增加，矿工行会出现了，号召大家一起挖。于是，专业的挖矿团队出现了。他们使用专业的挖矿机（计算机）、专业维护人员、专用的场地进行挖矿。通常，这种专用场地、专业设备、专业人员等组成的挖矿团队所在的工作区域就是"矿场"。简而言之，比特币矿场其实就相当于一个服务器机房。

早期的矿场运营比较粗放，简单地搭个架子，把矿机放上去，就开始运营。但这种运营方式，矿机损坏率高，维修成本高，于是有了通风、隔尘等方案，之后，又有了对室内温度和湿度的严格控制。如今，整个矿场的运营方案还在不断升级和进化。

比特币矿场的选址，一般都选在电费相对便宜且电能供应比较稳定的地方。矿机运行起来噪声比较大。一台运转中的矿机，在一米之外测试其噪声约为 73dB（A）；几千台矿机运转起来，其噪声会对周围造成很大的影响。后来经过专门的设计和装修改造，静音矿场出现了。

比特币系统本身的运作也会极大地影响挖矿生意的利润，这里主要有两个风险。

1. 币价下跌导致的风险

挖矿项目的获利评判最好以人民币计算，使用比特币进行评判会复杂很多。比特币价格本身的波动性很大，会直接影响挖矿收益。如果币价下跌，总资产缩水，而矿主又承担不了亏损，这个矿场就会面临出清退场的局面。

2. 比特币算力上涨带来的风险

比特币全网的挖矿产出是固定的，每天1800个比特币。越多的算力在挖，平均算力挖到的就越少。如果算力上涨，买到的矿机就要贬值；如果算力大幅上涨，矿场甚至还会面临产出抵不了运营费用的局面，进而直接导致关机停产。

目前，比特币挖矿依然属于暴利行业。可是，随着加入的人越来越多，矿场又把持着大量算力，矿机很难买到，散户赚钱越来越难。

051. 比特币矿池及原理是什么？

随着参与挖矿的人数越来越多，比特币全网的算力不断上涨，单个设备或少量算力都很难再挖到比特币。这时候，就出现了矿池。

矿池是比特币等P2P密码学虚拟货币开采所必需的基础设施，一般是对外开放的团队开采服务器，可以提升比特币开采稳定性，使矿工薪酬趋于稳定。目前，全球算力较大的矿池有鱼池（F2Pool）、蚁池（AntPool）、币网（BW Pool）、国池（BTCC Pool）、BitFury。除了BitFury，其他矿池都来自中国。

矿池突破地理位置的限制，将分散在全球的矿工和矿场算力进行联结，一起挖矿。矿池负责信息打包，矿场负责竞争记账权。矿池集合了众多矿工算力，占比较大，挖到比特币的概率也更高。举例来说，假设100万人参与比特币挖矿，全网400P算力，其中90%的矿工的算力为1P（1000T）以下；这时，一个矿工投入一台1T矿机，将占全网算力的四十万分之一，理论上平均每40万个10分钟就能挖到一个区块，也就是7.6年才能挖到一个区块，一次性拿到50个比特币。

如果这个矿工再与另外9个拥有1T算力矿机的矿工达成协议，则总共10个人有10T算力，其中任何一个人挖到区块，都要按照算力占比来进行平分。按照理论，平均0.76年就能挖到一个区块，计算下来，每人0.76年能开采5个比特币。如果组织100人、1000人、1万人，甚至10万人呢？如果是10万人，平均100分钟就能挖到1个区块，个人收入将趋于稳定。这就是矿池的基本原理，即大家组队进行比特币开采。

当然，上面只是对矿池的基本原理和性质进行简单的描述，实际情况非常复杂。矿池是一个全自动的开采平台，即矿机接入矿池→提供算力→获得收益。矿池挖矿产生的比特币奖励，会按照各矿工的算力贡献占比进行分配。相较单独挖矿，加入矿池，则可以获得更加稳定的收益。

052.
算力究竟是在计算什么？

比特币的价值就是交易渠道本身，一组新制造出来的比特币，提供了将旧比特币从一个账户转移到另一个账户的数学保证。这个安全保证背后的代价就是大量的算力。生产一个安全通道需要消耗大量能源，因此，整个比特币用户群体就要对造币者进行奖励。

现在，世界上所有的比特币都是运用计算机的计算能力产生出来的。从最基本的说起，每个账户其实就是一对公钥和私钥，有私钥的人就是账户主人。举个例子，如果 A 要给 B 转一笔钱，A 就要把钱的数量加上 B 的公钥，用自己的钥匙签名；B 看到这个签名，就可以了解，的确是 A 转给了他如数的比特币。这笔交易需要一个见证人来担保交易发生过。这样，以后 B 想用这笔钱的时候才是合法的。而这里的担保人就是整个使用比特币的网络。

A 在发起这笔交易的时候，必须把签过名的交易单尽量广播到 P2P 网络，最终让每一节点都知道这件事。B 从 P2P 网络上不断地收到别人的确认信息；当收到足够多的确认信息，B 就认为 A 的确发出了这条交易单。之后，B 就可以自由使用这笔钱了。

当 B 使用 A 转给他的钱转给 C 时，也会广播给足够多的人让他们担保。每个担保人只有确信 B 有足够多的钱可以支付才做确认。本质上，比特币网络并没有记录每一块钱属于谁，记录的是从比特币诞生的那一刻起到当前的每一笔交易，并推算出各账户里有多少钱。任何人想确认一个交易单，都需要确认转出账号上有没有那么多钱。

比特币需要解决的核心问题是，如何避免一笔钱被花两次。整个账单序列是一环套一环的，每次在完整的全局账单上签新的一笔时，都要利用前面信息生成后面的信息。这个账单序列被称为 Chain of Blocks。每个区块都包含有若干条经过确认并哈希签名（难以伪造）的交易记录；每个区块都和全局表上的上一个区块有联系；每条账单都会通过 P2P 网络最终转发到制造新区块的节点上。一旦制造成功，新的区块就能广播出去。

借用 P2P 网络，许多人可能在同时制造新的区块，但有一个排序机制，保证只有最优（最难，花费最大计算时间的）那个新区块能够被网络群体接受，挂在全局的区块链上。重复一次，整个比特币网络就只能有一个全局账单表，各节点都能完整地保存一份。之后，全局账单表会越来越大，区块链会越来越长，在最新的部分必然会出现许多分叉。这是因为，P2P 网络的挖矿过程是分开并行的，每条新账单都不能立刻广播给所有节点，每个挖矿的节点都有责任把他收到的、在他认可的老全局账单上不存在的账单，合并到准备制造的新区块中。一旦新区块被制造出来，就会立刻被广播出去，争取得到更多人的认可，尤其是得到想挖矿的人的认可。

如果 P2P 网络过大，交易账单不能迅速被广播到全网络，就会出现一份 P2P 网络局部的、保持有小群体共同认可的全局账单。多个全局账单的分支就可能同时发展，因为各小群体都可能认为他们看见的更长更有效。但是，只要有人发现另一条分支更长，就会转换阵营。所以，用户的账单完全有可能被一个小群体接受，但在一段时间后被抛弃。

不过，算法参数决定了新的区块产生速度很慢，如果用户的账单被多达 6 个人确认，那么基本上就保证了它合并到的那份全局账单就是被 P2P 网络全体认可的。

既然生成新区块费时费力，制造出新区块的概率好像买彩票中大奖一样难，那么为何还有那么多人去执行程序计算出新区块？答案是每个制造出新区块的人，都有权利构造一条账单声明："老天给了我50比特币"。这个规则被所有比特币用户共同承认。

将制造区块等同于挖金矿只是一个形象比喻，其实没有人可以把"金子"挖出来囤积。各新区块都要包括全局表上的上一个区块的哈希值，BTC网络自我调节难度，让每10分钟大约产生一个新区块。如果10分钟内没制造出新区块，就等于前面10分钟白干了，需要从最新版的区块继续演算。

这里，可以用买彩票比喻。每10分钟开一次奖的彩票，用户需要不停地购买，中了就是用户的，不中的就作废，然后开始下一轮。P2P网络不能凭空制造新的比特币，那么制造新的区块的动力是什么？答案是交易税。如果没人愿意生产新的区块，想要发起交易将非常困难，这时希望交易被确认的人就可以声明：如果有人制造出新的区块接纳他的交易单，他会支付一小笔交易税给他。一旦许多人都这样做，制造区块就会变得有利可图。只不过，不再会诞生新的比特币，只是比特币在这些用户之间进行流通而已。

总有一些比特币会消失，一旦账号私钥丢失了，任何人都无法转移走这个账户上的钱。不能流通的货币就不是货币，而且比特币在达到2100万个后就不再增加。不过，比特币本身是可以切割的，比如可以支付给别人0.01个比特币。因此，比特币本身会升值，总数也一直够用。

053.
竞争记账是什么？

竞争记账是比特币系统的记账方式，解决了如何在去中心化的记账系统中保证比特币账本一致性的问题。比特币系统中没有中心化的记账机构，每一节点都有记账权，所以如何保证账本一致性是个重要问题。

在比特币网络中，全网矿工共同参与算力竞争，算力高的矿工，计算能力更强，更容易获得记账权。成功抢到记账权的矿工负责记账，还要将账本信息同步给整个网络。作为回报，该矿工能获得系统新生成的比特币奖励。比如，身边有一座金山，总量为1000吨，但里面夹杂着很多沙石。当只有一个用户时，这个用户就很容易挖到金子。如果挖矿的人越来越多，剩余的金子就会越来越少，挖矿成本也会越来越高。因此，这时候大家比的就是挖矿速度，也就是算力！

随着比特币价格的不断上涨，为了获得比特币，越来越多的人参与竞争比特币的记账权，使得全网算力难度呈指数级上升。

| 第05章 |

区块链产业链中游——交易

随着更多专业投资者的加入，区块链资产的投资方式也变得更加丰富。目前区块链资产投资的渠道很多，如场内交易、场外交易、去中心化交易平台、币币交易都可以进行投资。不仅投资渠道变多了，而且投资方式也更丰富，投资者可以通过趋势交易、对冲、跨平台撒砖等交易方式投资获利。本章介绍了投资区块链资产的意义及上述各类投资渠道。

054.
为什么要投资区块链资产？

目前，网上盛传 AI 将在 20 年内取代半数工作，这让人们在对未来科技产生美好幻想的同时，也让人隐忧自己的价值、创造能力与不可替代性。而与 AI 一同立在风口、让人深思更宏观的未来经济生活的则是区块链技术，此外还有其他热门科技，如 VR、AR、大数据、云计算等。

这些高科技，到底哪些更有前景？哪些只是泡沫？从本质上来看，AI、VR、AR、大数据、云计算都是科技上的进步，只有区块链是"制度"上的进步。由此可见，区块链带来的颠覆性是高于所有这些科技进步的，一旦开始区块链制度改革，附带的价值必然很大。

从最本质上来说，要想在短时间里获得财富一般有两种方式：一是"掠夺"，二是创造。所谓"掠夺"就是从他人手中"掠夺"财富。比如股市短线套利、彩票、赌博等。这种方式往往具有机遇性和唯一性，同样也是一场零和游戏：你有了，他就没了；他有了，你就没了。而创造是通过劳动创造价值，是可持续获得财富的唯一方式，比如投资企业、股票、房产、区块链资产等。以这种方式获得的价值具有可持续性，时间越长，回报越高。

投资股票、区块链等为什么属于创造财富？因为从本质上来说，投资的对象都是企业、信用，抑或是人。每只股票代码背后都有一家企业，企业会发展，人会成长，投资股票就是投资其公司，投资区块链资产亦是投资人。如果在很早之前购买了腾讯股票，就会因为腾讯创造出"王者荣耀"和"微信"而获得高额回报；同样，如果在很早之前就参与了以太坊的资产投资，同样也能随着以太坊的应用价值增长而获得回报。二者本质上没有任何区别。

投资的钱对企业有什么用呢？首先，投资可以加速企业发展。有基本常识的人都知道，融过资的企业和没有融过资的企业完全是两码事。融过资的企业，有更多的资本做更大的市场，有更远的目标；而没有经历过融资的企业，则很难获得快速发展。市场开始在一个新领域创造财富时，会涌进很多只换了"皮肤"的企业，最终能获得较好发展的大多数都是融资成功的企业。比如，共享单车最后没有剩下几家，这很好地说明了融资对企业的重要性。因此，投资股票的钱，投资区块链资产的钱，对应的是企业发展的资本，是和企业联手去创造财富。这是投资能够获得回报的最本质原因。

此外，关于投资还有一个重要条件，就是选择。什么样的投资不能参与？本身不能产生价值的投资不能参与，比如黄金。能带来财富的投资，最终都能回归到创造、可持续，而非简单粗暴地掠夺。

055.
场内交易是什么？

与点对点交易、挖矿等投资方式比较起来，目前场内交易是获得区块链资产最主流的方式。在整个交易期间，比特币由第三方平台进行托管，卖方确定收到用户的支付宝付款后，平台就会把比特币释放给他。

区块链资产的场内交易跟股票类似，由平台帮忙撮合，用户不知道也不需要知道交易的对手是谁，有可能是一个人，也可能是很多人。无论是买入还是卖出，交易平台都会记录所有人的挂单价格，通过实时买卖盘，买卖双方就能获取最新交易价格。同时，交易平台会将历史成交价格和成交量汇总成K线图，方便投资者分析行情走势。

056.
场外交易是什么？

区块链资产的场外交易也叫OTC交易，用户要自己寻找交易对手，成交价格由交易双方协商确定，交易双方可以当面协商或采用电话的方式充分沟通。

场外交易是最原始的交易方式，比特币刚诞生的时候，并没有交易平台，投资者只能通过场外交易来交易比特币，且多采用一手交钱一手交货的交易方式。如今，已经出现了很多规范化的场外交易平台，投资者可以直接在交易平台上选择交易方，方便快捷。通过交易平台，交易双方可以有效地避免在场外交易中因信息不对称导致的人货两空的情况。目前，比较主流的场外交易平台有 Local Bitcoins 和 huobi.pro 等。

在比特币行业里，场外交易的主要渠道有：机构自营的信息中介平台、机构自营和许可加入的信息中介联盟，以及个人、微型团队主导的微信群、QQ群。根据提供服务的模式可以分为两类：B2C 和 C2C。每笔场外交易的清算都是由交易双方负责进行的，交易参与者仅限于信用程度高的用户。

现实中的交易需求催生了微信群交易，这种交易具有极强的灵活性和隐蔽性。通常，用户通过熟人介绍，加入中间人的微信群，与群里其他用户自由交易，或通过中间人进行担保交易。在担保交易中，中间人会收取 1%~5% 的手续费。

比特币场外交易流程，简单来说就是线上挂单，谁低买谁，直接转账。对于如此简单的流程如何规避风险？有投资者表示：小额的无所谓，大额的交易为了防止对方跑路，可以找知名投资人担保。

在 Local Bitcoins 官网，交易平台为用户提供简单的信用评级服务，用户在平台的交易记录都会被公开披露，有点类似中国的 58 同城等网站提供的信息中介服务。此外，平台还提供类似支付宝担保交易功能的账户托管服务。不过，该托管账户仅针对比特币或其他虚拟代币，不涉及各国法定货币。用户只需简单注册，就可以通过网站进行比特币的买卖交易，流程如下：注册账号→选择币种→单击买入→输入购买数量和购买价格→转账付款→确认收款→发送比特币。如果交易双方发生纠纷，网站就会为用户提供简单的冲突调解服务。提供这项服务的前提是客服正常上班，客服将依据网站设置的服务条款进行判定。

Local Bitcoins 的交易流程，与场内交易的明显区别是：场外交易不需要严格的 KYC（Know Your Customer，充分了解客户），用户只要提供简单的资料，就可以快速注册成为一个场外交易平台合格用户，并利用未经 KYC 的账号，进行额度不等的交易。

场外交易与场内交易的不同之处，除了是否执行完整的 KYC 政策，还集中体现在以下三点：

一是信用基础不同。OTC 方式以交易双方的信用为基础，由交易双方自己承担信用风险，需要建立双边授信，才能进行交易。而场内交易以交易双方对交易中心的信任为基础，交易中心承担了市场交易者的信用风险。

二是价格形成的机制不同。场外交易基于买卖双方的双边询价形成；场内交易则基于计算机算法的撮合交易。

三是清算方式不同。场外交易以交易双方各自的清算流程为依据，买卖双方需要自行安排资金和虚拟代币的清算；场内交易则多通过交易平台进行集中清算。

057.
如何理解DEX的安全性？

DEX是去中心化交易平台的简称。2017年币圈黑客攻击数量大增，加之数百万美元的加密币被盗，给我们发出警示：加密货币交易需要重大革新。而加密货币交易实现改变的基础就是DEX，或许可以从DEX中指出解决方案。

其实，所有这些遭受损失的交易平台，如Bitstamp、Bitfinex、Youbit、Bithumb等都是中心化的。主要交易平台中心化明显的原因就是方便，却往往忽视了安全的问题。

交易平台中心化有两种形式：资产控制和系统管理。通过资产控制，交易平台的运行就会像银行一样值得信任；使用中心化交易平台时，交易平台持有你的资金并私下存入你的账户，直到你想提取货币为止。通常，交易平台将客户资金存放在热钱包储备（在线）和冷钱包储备（离线）中。另一个中心化的方式，跟交易平台存储数据的方式和基础设施有关。为了适应网站流量，大交易平台需要将服务器空间外包，通常是外包到云服务中，而这也就意味着托管服务器被分配到单一来源中。

如果黑客想进入中心化的交易平台，就要通过一个中心化的入口通道，通常是第三方托管服务器。一旦进入，黑客就能得到中心化的资金来源，以及交易平台的热钱包储备和私钥。

为了防止恶意攻击者，大交易平台一般都设置有安全功能。可是，仅仅这些安全设置还远远不够，需要去中心化的交易平台。去中心化的交易平台弥补了中心化交易平台无法弥补的缺陷，提供了一系列增强安全的优势，不受单一实体的控制。当然，人们使用交易平台进行访问的域名服务器是中心化的，市场却不受实体控制，交易平台也不受一台服务器的支持。

目前，大多数去中心化的交易平台都建立在以太坊区块链上，由节点网络支持。如此，攻击者要想控制住它，就要破坏一半支持交换的节点，这几乎是不可能的。

由于没有一个实体拥有 DEX，去中心化的交易平台也就失去了控制用户资金的中心化枢纽。去中心化交易平台的基础并不是信任，用户总是控制着他们的资产，所有的交易都是点对点的。因此，DEX 使用以太坊智能合约来管理货币。一旦资金被锁定在智能合约中，只有拥有相应的私钥，才能接触资金。

在一个中心化的系统中，要放弃用户的私人密钥，并把它们汇集到一个反映交易平台热钱包储备的单一分类账中。一旦黑客拿到这些私钥，用户的资金就可能被偷走。在去中心化的系统下，用户一直控制着自己的私钥，只要不向恶意的第三方透露，用户的资产在 DEX 的智能合约中就是安全的。这也是 DEX 提供的最大的好处。

大多数去中心化的交易平台，如 EtherDelta 和 IDEX，都能够与 Ledger Nano S 或 Trezor 的硬件钱包保持同步。除了冷储蓄外，硬件钱包是存储和管理个人资金的最安全的选择，因为它们不会受到受危害软件钱包的恶意软件的影响。使用符合 DEX 的硬件钱包，插入用户的 Ledger Nano S 或 Trezor，就能直接将资金汇入交易平台的智能合约中。如此，比手动输入用户的私钥更有效，因为手动输入更容易受到钓鱼网站和键盘记录器的攻击。

058.
币币交易是什么？

币币交易，顾名思义就是用币买币。随着区块链资产种类的增加，传统的法定货币对区块链资产的交易已经无法满足全球投资者的投资需求，更多的专业投资者开始尝试进行币币交易。

币币交易是指用一种区块链资产为另一种区块链资产定价，比如用比特币定价以太坊会产生 ETH/BTC 交易对。该交易对的价格表示，需要用多少比特币才可以买到一个以太坊。通过币币交易，可以直接用一种区块链资产换取另一种区块链资产，中间不涉及法定货币的中转或结算。

huobi.pro（火币 Pro 站）是目前比较知名的币币交易平台，该平台用人民币买币的方法很简单，只需要买币和卖币两步。下面具体讲解这两步。

用人民币买币的步骤是：

第一步：登录 www.huobi.pro.com，找到"点对点交易"，单击进入。

第二步：选择"交易中心"→"我要买入"选项，看到很多正在出售的USDT（是数字货币圈内的法币代币，可用来兑换其他数字货币，1USDT ≈ 1美元），该平台有不同的价格、不同的付款方式，用户只要找到符合自己心理价位的，点击买入即可。

第三步：选择合适的价格。单击买入后，会进入购买页面。

第四步：输入要购买的金额，确认买入，就能成功创建购买订单。

第五步：创建订单后，与卖家联系，确认卖家在线后，在付款期限内打款至广告主提供的支付宝、微信或银行账户。用户付款后，单击"付款已完成"按钮。与卖家联系时，用户一定要确认卖家在线，方可打款进行交易；付款完成后，要及时单击"付款已完成"按钮。

第六步：卖家收到款项后确认收款，系统会自动把数字资产打到用户的账户。如果用户已打款，但卖家迟迟不回复，就要在订单有限期内提出申诉。

用人民币卖币就是将币卖出变现，其步骤是：

第一步：登录 www.huobi.pro.com，找到"点对点交易"，单击进入。

第二步：进入具体页面，先单击"资产管理"按钮，再单击"BTC 或 USDT"按钮，选择相应币种查看充币地址，将币充值到点对点交易平台。比如，用户想将 BTC 卖出变现，就查看 BTC 的充币地址，将币充值到该地址；如果想将 USDT 卖出变现，就查看 USDT 的充币地址，将币充值到该地址。火币 Pro 和 OTC 平台账户内资金可直接划转，不用提币，0 秒到账。

第三步：充值完成后，币就转到了火币 OTC 平台。以 USDT 为例，卖家单击进入"交易中心"，会进入确认页面；单击"我要卖出"按钮，可以看到很多正在收购 USDT 的买家。

第四步：选择一个合适的价格。卖家单击卖出后，会进入卖出页面；然后确认卖出，就能成功创建卖出订单。

第五步：进入沟通页面，与买家联系，提供用户的收款信息。

第六步：买家付款后，登录银行账户查看钱款到账情况，确认无误后，单击"放行 USDT"按钮，完成放行。订单完成，可成功提现。

059. 量化交易是什么？

量化交易也称为自动化交易，是指以先进的数学模型替代人为的主观判断，利用计算机技术来进行交易的证券投资方式。量化交易是成熟投资交易市场的标志，不仅能极大地减少投资者情绪波动的影响，还能避免在市场极度狂热或悲观的情况下做出非理性的投资决策。

1. 量化交易的种类

量化交易有很多种，主要包括跨平台搬砖、趋势交易、对冲等。

（1）跨平台搬砖是指不同目标平台价差达到一定金额，在价高的平台卖出，在价低的平台买入。

（2）趋势交易是根据趋势的指标来发出卖出和买入的信号。

（3）对冲是指，同时进行两笔与行情相关、买卖方向相反、数量相当、盈亏相抵的交易来对冲风险。

2. 量化交易的特征

量化交易主要有三个特征：

（1）纪律性。量化交易要严格按照既定的逻辑进行投资，每个操作都要有数据和模型的支持，这样可以克服人工交易带来的情绪波动、主观臆断、恐惧或侥幸心理。

（2）系统性。在制定量化交易策略的过程中，要全方位考虑交易品种、交易频率、投资周期、对冲机制、异常处理、资金容量、市场流动性、冲击成本等元素。

（3）及时性。量化交易具有系统性，人脑处理这些系统元素的速度，远比不上计算机。信息技术的使用，使量化策略的执行在速度上大大优于手动交易。比如，一些微小的套利机会，计算机可以在毫秒之内捕捉到，手动交易却无法做到这么快。

3. 量化交易的运用

量化交易可以用到股票、商品期货、外汇等金融产品的交易中，也可以用到数字资产比特币的交易中。

比特币量化投资具有如下优势：量化可以消除主观的不确定性；量化的超额收益可以减少看错了或买高了的损失；量化可以帮助人克服恐惧和贪婪，高位敢买入，低位不割肉；量化可以让人更坚定地持有，不再错过；量化交易可以让人避开人性的弱点，从容交易，努力赚钱。

4. 比特币量化交易的特点

从策略的回测情况来看，比特币量化交易有如下特点：

（1）在高位建仓，量化优势非常明显，量化可以穿越牛熊。比如，即使从2013年12月1日的5488的高点开始投资，梭哈的话总收益只有283%，量化的收益却有1644%。

（2）在低位抄底建仓，量化的收益优势不突出，但是收益差距不大。比如，在2015年5月1日建仓，量化和梭哈的收益都有约20倍，差别不大。

（3）投资时间越长，收益越高。量化和屯币都要跟时间做朋友，要想让复利不断增长、短线暴富，就要利用杠杆。

（4）量化的超额收益可以减少买高了的损失。比如，即使在2013年12月1日的5488高点买入，在2015年5月1日的1446低点卖出，梭哈的话要亏 80%，但量化只亏 22%。

（5）量化有超额收益垫底，可以更有信心地交易。涨的时候不会眼睁睁地看着涨而不敢上车；跌的时候不会因为恐慌而狼狈下车。

第06章
区块链产业链中游——存储

比特币钱包处于区块链产业链中游,具有存储功能,因此一个新进入比特币世界的人一定要弄明白比特币钱包。为此,本章围绕比特币钱包,展开讲解了比特币钱包的基本功能,并讲解了冷钱包、热钱包、全节点钱包、轻钱包、中心化钱包等,分析了各类比特币钱包的安全性特点,以及比特币钱包的选择方法和使用比特币钱包的注意事项。

060.
比特币钱包的基本功能是什么？

官方比特币钱包、轻钱包、手机钱包、在线钱包、纸钱包、脑钱包、硬件钱包、多重签名钱包、HD钱包……这些究竟是什么呢？再加上经常被业内人士提及的 ON-CHAIN 钱包、OFF-CHAIN 钱包等，这一概念变得更加复杂，让人们对比特币钱包功能的认知愈加模糊。

过于复杂和混淆的分类方式是新用户接触比特币的最大门槛，我们要努力让比特币更简单、更容易理解、更安全、更易用，不能用复杂和含混不清的概念将新用户吓跑。那么，到底比特币钱包和其功能究竟是什么呢？

比特币钱包是存储和使用比特币的工具，定义清晰而简单，只不过是被大家搞复杂了而已。比特币钱包就是一个电脑或手机的客户端，安装以后，客户端会自动生成用户的比特币 wallet 钱包文件，存放用户的比特币信息，包括收款地址、私钥。这个 wallet 文件就是用户的钱包。比如，从 OKCoin 上面买了比特币，就可以将比特币转到自己的收款地址上，待网络确认，比特币就会存到用户的 wallet 钱包里。

总之，比特币钱包的基本功能有两个：一个是安全地保存比特币私钥，另一个是用来收发比特币。

061.
何为冷钱包、热钱包、全节点钱包、轻钱包、中心化钱包？

一、冷钱包和热钱包

冷钱包和热钱包是按照私钥的存储方式来划分的。

1. 冷钱包

冷钱包的"冷"即离线、断网，也就是说私钥存储的位置不能被网络所访问（无论是否对私钥进行了加密），既有在"冷"电脑上存储私钥的钱包如 Armory，也有在"冷"手机上存放私钥的钱包如比太冷钱包，还有将私钥打印或手抄在纸张上的纸钱包，以及设计专门硬件来单独存储私钥的硬件钱包。

需要特别说明的是，Trezor 的私钥备份如同存储在专门网站上，严格意义上讲，这并不是冷钱包。冷钱包通常意味着私钥与交易的分离，如果用户要监控和花费上面的比特币资产，就需要使用额外的辅助手段。无论这种手段是去中心化的还是中心化的，都不影响"冷"这个本质。

比如，如果要花费 Armory 冷钱包上的比特币，就要通过 U 盘复制文件的方式在冷、热钱包间通信；如果要花费比太冷钱包上的比特币，则要在比太冷热钱包间通过扫描二维码来完成交易的签名和发布；对于纸钱包来说，可能需要将私钥导入其他钱包，再开始使用。不过在完成私钥导入后，该私钥就可能不再是"冷"的了。

2. 热钱包

热钱包的"热"即联网，也就是私钥存储在能被网络访问的位置，比如在"热"电脑上存储私钥的 Bitcoin-core 等，在"热"手机上存储私钥的 Bitcoin-Wallet 和比太热钱包，以及在网站上存储加密后私钥的 Blockchain.info 等在线钱包。虽然这些钱包的技术实现方式有很大不同，这会导致安全性和易用性上的差异，但从私钥的存储方式上来看，它们都属于热钱包。

从安全角度来看，冷优于热；但从易用的角度来看，热优于冷。究竟该如何选择钱包？用户需要自己在易用与安全之间寻找平衡，来选择满足自己需求的比特币钱包。

二、全节点钱包、轻钱包和中心化钱包

根据区块链数据的维护方式和钱包的去中心化程度，可以把钱包分为全节点钱包、轻钱包和中心化钱包三种。

1. 全节点钱包

代表是 Bitcoin-core 核心钱包，需要同步所有区块链数据，占用的内存很大，但可以完全实现去中心化。

2. 轻钱包

依赖比特币网络上其他全节点，仅同步和自己相关的数据，基本可以实现去中心化。

3. 中心化钱包

不依赖比特币网络，所有的数据都从自己的中心化服务器中获得，但交易效率很高，可以实时到账，在交易平台注册的账号就是中心化钱包。

062.
各类比特币钱包的安全性特点是什么？

比特币钱包是否安全，也要看它能否安全地管理私钥。

一、比特币钱包分类

按照私钥生成的方式，可以将比特币钱包分为两类：

1. 使用密码学安全的伪随机数生成器生成私钥的钱包

由于真随机数生成器需要采集环境中的熵，需要额外的"成本"，主要的比特币钱包都采用了密码学安全的伪随机数生成器来产生私钥，无论是电脑端的 Bitcoin-core（之前被称为 Bitcoin-qt）、MultiBit 和 Armory，手机端的 Bitcoin-Wallet，还是诸如 Blockchain.info 等在线钱包，都要依赖于内核态或应用态的伪随机数生成器，这些随机数生成器基本上可以放心使用。应用态随机数生成器通常要基于内核态进行更高级别的封装，而这种封装往往有可能会引入新问题，因此内核态要更安全一些。

2. 使用真随机数生成器生成私钥的钱包

受"成本"和用户体验方面的限制，当前使用最多的就是这两种解决方案：一种是在电脑端采集用户鼠标和键盘操作的 BitAddress 网页程序（可离线运行生成私钥），一种是比太钱包的极随机（XRANDOM）解决方案。智能手机的感应设备非常多，如相机、麦克风、重力感应、地磁感应、光线感应等，能够采集丰富的、高品质的环境噪声（熵），使得廉价的、方便的真随机数解决方案成为可能，这一点必须要归因于移动互联网的高速发展。由此可见，从随机的角度来看比特币的安全性，"真随机"优于"内核态伪随机"，更优于"应用态伪随机"。

二、不同钱包的安全性特点

比特币钱包有安全地保存比特币私钥和收发比特币这两个基本功能，这就涉及了钱包的两个最基本的要求：安全性和易用性，此外还要考虑购买或使用成本。这里，我们来看看冷钱包、本地钱包、在线钱包、多重签名钱包、链下钱包、纸钱包和脑钱包各自的安全性特点是什么。

1. 冷钱包的安全性特点

冷钱包非常安全，但成本较高，易用性差。比如，传统的 Armory，一般要找一台不联网的电脑专门用于安装 Armory 离线端，成本价高；要发送交易，还要用 U 盘在离线电脑和在线电脑之间来回导交易信息、签名数据，不仅麻烦，U 盘还存在传播木马病毒的风险。

Trezor 硬件钱包是个类似网银 U 盾的东西，上面有两个按钮，发币时可点击"同意"或"拒绝"按钮。如今，国内已经有团队在做冷钱包，且较传统的冷钱包进步很大。比如，比太钱包将冷钱包安装在闲置旧手机上，不但降低了成本，使用也很方便。配合在线手机的热钱包，相对本地钱包和在线钱包都极具竞争力。

当然，冷钱包不是绝对安全的，硬件损坏、丢失，都可能造成比特币的损失，因此要做好备份。

2. 本地钱包的安全性特点

本地钱包是装在自己的电脑或手机上，个人的电脑有可能被植入木马，黑客可能盗取用户的钱包文件，记录你的钱包口令；而钱包服务器也可能被黑客攻陷，加密私钥存在被破解的风险。服务器安全防护做得比个人电脑要好一些，但也容易引起黑客的注意。本地钱包使用方便。

3. 在线钱包的安全性特点

在线钱包的原理是：钱包在浏览器端使用用户的口令对私钥进行加密，传到服务器上保存，需要使用时，从服务器上下载下来，在浏览器端进行解密。服务器上保存的是加密后的私钥。本地钱包使用比较方便，易用性强。要加强本地钱包的安全性，最好设置一个较复杂的密码。

4. 多重签名钱包的安全性特点

多重签名钱包的原理是：取一个多重签名地址作为钱包地址，要动用这个地址上的币，必须有两个（或多个）私钥同时签名。如同一把锁，需要两把不同的钥匙一起用，才能打开。如此，一把钥匙自己掌握（也可能加密后托服务器保管），另一把交给服务器。如果只有一把钥匙被盗，黑客没有本地私钥，则无法攻陷钱包服务器。

但是，复杂流程提高了安全性，也带来了额外的风险隐患。比如，本地私钥丢了，即使是自己，也没法使用。这时怎么办？绿色地址设计了一个未来交易，该交易在某个时间点之前，网络是不认的，过了这个时间，比特币网络就能把它打包写进区块链。这样，就可以再设计一个安全的比特币地址，把未来交易指向该地址，如果丢了一把钥匙，只要耐心等待，未来交易生效就可以。多重签名机制看起来似乎更安全，但易用性受到很大影响，不仅需要用户理解一些技术细节，还要保护好本地私钥和未来地址的私钥，大大增加了学习和使用成本。

5. 链下钱包的安全性特点

链下钱包类似交易所的账号，用户将币存到交易所，交易所帮助用户记上账；用户给其他用户发送，收币发币就是在交易所的账簿上加加减减，不会真正写入比特币区块链。只有用户存币和提币时，才会发生链上交易。

链下钱包是一种纯粹中心化的钱包，用户没有自己钱包的私钥。受去中心化思想的影响，很多比特粉认为，什么都要去中心化，对中心化交易及挖矿算力集中等比较排斥。其实，链下钱包效率很高，可以实时到账，方便对接购物平台。

链下钱包将私钥保管的责任交给钱包公司，用户不用过多地考虑私钥的安全性。需要说明的是，链下钱包里的币并不是比特币，而是信用币。钱包里的数字，并不表示你拥有多少比特币，只能说明别人欠你这么多的比特币。

6. 纸钱包和脑钱包的安全性特点

使用纸钱包或脑钱包，用户无法使用上面的比特币，发币时还得借助其他钱包导入私钥。因此，纸钱包和脑钱包并不是完整意义上的比特币钱包，仅是保存比特币私钥的两种方式。

纸钱包，就是把比特币的私钥打印在纸上保存起来，一般用于冷藏比特币，也可以作为本地钱包或在线钱包的私钥备份。如果生成、打印私钥的环境是安全的，纸钱包的安全性就比较高，成本也很低。

此外，私钥也可以备份在磁介质中。像 U 盘、SD 卡的寿命都很长，质量好的保存几十年都没问题，移动硬盘当然也可以，就是有些浪费。光盘最便宜，但是容易氧化，质量普遍不高，可能几年就坏掉了。

众所周知，比特币是私钥，就是一串数字和大小写字母的组合，共 50 多个字符，如果用户记忆力强，能把它们都记住，也是一种保存的方式。不过这些字母数字毫无规律，要想一字不差地长时间记忆，一般人恐怕做不到。因此，我们可以找一种变通的方式，想一句自己能记住的密语，这句话只有你知道，很容易记忆，比如向女朋友表白时说的一句话。通过数学计算转换为一组比特币的私钥和地址，就可以将比特币保存到你的脑子里。

当然，人们的想法总是有迹可循的，想一句任何人都猜不出的话并牢牢记住，也并不容易。所以，脑钱包也并不安全。有人曾用生日做脑钱包进行测试，结果币刚转进去就被黑客转走了，忘记密语或干脆失忆，比特币就永远找不回来了，这就变成了"脑残包"。

063.
比特币钱包的选择及使用注意事项是什么？

一、比特币钱包的选择

钱包首要的要求是安全，但是世界上没有绝对的安全。绝对的安全意味着绝对的高成本和绝对的不实用，因此绝对的安全是没有必要的，只要满足自己需求的相对安全即可。

如果用户是比特币土豪，大额比特币就可以冷储。对于数额不太大且要频繁收发的比特币，本地钱包或在线钱包都是不错的选择。在线钱包不受客户端的限制，更灵活；本地钱包里，Bitcoin-QT（BitcoinCore）最经得起考验，但需要下载完整的区块链，普通用户使用得比较少。

如果用户对技术比较了解，也可以试试多重签名钱包。如果经常用比特币购物，链下钱包有时会更方便。

如果用户是炒币达人，可以使用与交易所关系密切的钱包，比如比特币中国的币加锁、火币的快钱包、Coinbase等。把私钥做成纸钱包，或存在U盘里锁起来，不仅安全，还能有效防止手贱卖币。

通常，最好不要使用脑钱包。因为人的思维和记忆总是靠不住，但是脑钱包在某些极端情况下非常有用，比如战争、严重自然灾害。在某些情况下，只要绝对保密，就没人能抢走你的币。

二、比特币使用的注意事项

使用比特币时要注意找零机制。所谓找零机制是指用户从 A 地址向 B 地址发送一笔交易，A 地址剩余的币并不会全留在 A，而是转移到新的地址 C。比如，Bitcoin-QT 钱包每次会生成 100 个地址，在用户发送 100 次交易后，每个地址都可能被使用过，再找零时，钱包会自动生成一批新地址。如果新地址没有做好备份，本地钱包文件不小心出了问题，就可能导致丢币。找零机制本身应该是为了安全，但实际使用中意义不大，反而出现过多次因找零机制造成的损失。

为了避免找零机制使用不当造成损失，钱包可以取消找零功能。找零机制是比特币玩家安全必备的常识，使用一款新钱包时，一定要确认好找零问题。

第07章
区块链产业链下游——支付

比特币可以用于支付,区块链产业链下游主要是比特币的支付。在区块链产业链下游,商家通过第三方支付机构间接接受比特币,即买方购物支付比特币,第三方机构收到比特币后立即兑换成法币,商家收到的是法币而不是比特币。本章讲解了区块链产业链下游有关支付的问题,如区块链对金融支付的变革、区块链改变移动支付的优势、区块链重新定义企业支付、比特币支付、比特币支付的优势、支持比特币支付的商品等。

064.
区块链是如何变革金融支付的？

从电子支付时代线上美国银行的支付到移动互联网时代的手机端支付，再到加密支付，比如支付宝及微信的各项创新的出现，让很多人产生了一个错觉：关于支付领域，所有的创新已经完成，没有任何改进的可能和余地了。难道真是这样吗？

区块链是一种更强的技术，本质上是可共享、可信的，每个人都可以检查公开账本，但是单一用户无法控制它，整个区块链系统的参与者一起更新，才能让总账本更新，才能按照严格的规则和公开协议对它进行修订。

区块链之所以能做到这些事，主要原因就在于它不可被篡改，是分布式的、安全的、可追踪的，相当于在区块链上形成了一套共识机制。没有区块链，用户每次支付、汇兑或金融价值传输，就要通过商业银行到央行，再到下一个程序，最后再寄出这笔款。

线上这种非面对面的物物交换交易，需要一个恰当的、可被信任的中介，来完成整个支付及汇兑流程。区块链产生后，就形成了一个价值传输的网络。所有的账户及交易信息基于底层、基于算法、基于协议来进行，区块链的优势是，可以摒弃中转银行的角色，实现点到点的、成本低廉的跨境支付。通过区块链平台，跨境交易不但可以绕过中转银行，减少中转费用，还能极大提高跨境汇款的安全性，加快结算和清算的速度，提高资金利用率。

065.
区块链改变移动支付有哪些优势？

在支付产业中，最吸引人注意、发展最快的就是移动支付和区块链技术。如果将两者结合到一起，打造更加安全、快速和有效的购物和转账方式，结果会怎样？下面，我们就来介绍一下区块链技术改变移动支付的优势。

1. 更加安全

移动支付需要克服的最大障碍就是安全问题。区块链可以解决这一问题，因为区块链技术不仅可以打造超级安全性，还可以阻止诈骗行为，如欺诈、重复支付、哄抬物价等。以区块链技术为支持的交易是基于一个防篡改的账本，黑客想要闯入用户账户，非常困难。

2. 即时支付

我们都期待移动支付能够非常迅速，但是有些交易依然需要耗费几分钟甚至几小时才能完成，即使是用比特币也是如此。区块链技术能真正实现即时支付。只要短短几秒钟，朋友就可以通过智能手机收到你的资金。

3. 点对点的 P2P 借贷

P2P 借贷具有便利、利率低、投资回报率稳定等特点，是增长最快的金融技术行业。使用区块链技术，借款人可以直接获得贷款，而不需要传统银行或金融机构的介入。另外，运用区块链技术，用户如果想通过应用程序或者社交账号（如 Facebook 或 Twitter）借钱给朋友，会更加安全和方便。

4. 便捷汇款

取消第三方机构的介入，区块链允许移动用户向世界上任何人进行转账，不用支付高额的服务费和交易费。

5. 移动钱包

区块链技术可以使移动钱包更安全，还能提高速度，改善使用体验，降低全球支付费用。

6. 奖励和忠诚度计划

区块链技术可以改善积分交易的方式，所有的交易都记录在一个公开账本上，商家可以监视积分交易。例如，只要轻轻一点，就可以把用户的星巴克或航空公司的积分送给他的配偶。

7. 无须银行账户

之前，无论是发达国家还是发展中国家，转账几乎都要依赖银行账户。但现在，你只要有一部智能手机，不需要银行账户，就能通过区块链参与全球电子商务，获取贷款或向朋友和家人安全地转账。

8. 可穿戴设备与物联网发展

移动支付的发展范围正在超出智能手机和平板电脑，可穿戴设备如手表、手链和戒指已经在市场上出现。另外，物联网也在不断扩张。通过区块链技术，用户可以存储他们的支付信息而不用担心诈骗。

9. 区块链技术会使未来支付更简单

将来，用户走进一家商店去购买牛奶，晃动一下自己的手，他的智能手表就可以检测到牛奶盒上的半透明密码；执行一个哈希函数，牛奶就会立刻变成用户的。对于物联网来说，开发人员可以利用区块链技术来修补应用程序接口，简化用户所有设备之间的连接。

066.
区块链何以重新定义企业支付？

在日常生活中，人们已经能够熟练地使用微信支付、支付宝支付等金融支付方式，其本质方式模拟出了双向、无中介、去中心化的支付体验。从个人的消费场景延展开，不仅覆盖投资理财支付服务，同时还会将业务范畴逐渐扩展到对B2B企业流动资金管理需求的满足，这是未来支付行业的重要发展方向。

在公司间金融支付领域，区块链技术同样存在巨大的想象空间。区块链凭借去中心化、安全可靠、信息透明、维护成本低等特性，构建了金融科技底层的信任网络；区块链的不可篡改性、去中心化特性、可追溯性、可追踪性决定了其能够彻底解决传统支付的痛点。

运用区块链技术，构建一个供应链金融平台，核心企业就可以搭建各自专属的产业链融资平台；核心企业以信用发行一种数字票据，就能够在公开透明、多方见证的情况下进行拆分和转移。同时，各类企业也可以将持有的数字票据转让给代理公司，实现高效低成本融资。

区块链产生后，就形成了一个价值传输网络。其基本原理是：由大型核心企业集团通过区块链金融平台，将其优质企业信用转化为可流转、可融资、可灵活配置的数字票据；在该平台上流转的数字票据安全、高效、实时，同时也是有期限的，产业链上的中小企业在数字票据期限内通过供应链金融平台，可以将其接收的数字票据进行转让、融资或持有。数字票据为产业链上广大企业提供了全新的经济往来结算工具，既提高了结算效率，也为中小企业提供了便捷、低成本融资的新通道。

目前，国内的中企云链、云象、保全网等都在积极探索企业级的区块链技术服务，主要有以下几种方式：

1. 流转

在区块链上发行一种电子付款承诺函（也称数字票据），在公开透明、多方见证的情况下进行随意的拆分和转移，核心企业凭借其信用，利用数字票据向其供应商支付货款。中小企业从下游企业接收到数字票据，将持有的数字票据转让给上游供应商，结转应付账款。当整条产业链的后手都受让该项数字票据时，它就发挥了电子货币的信用与支付功能，完全摒弃了中转银行。

2. 融资

基于真实贸易背景，核心企业以信用支付，实现零成本融资；而中小企业将下游企业的应收账款向金融机构或商业保理企业进行保理，在提供供货合同、发票、发货单等基础信息后，以持有的数字票据作为保理融资还款保证，可在平台上实现"T+0"放款的高效低成本融资。

3. 灵活配置

中小企业可以根据业务发展的需求，按需结算；在数字票据到期前，企业可以灵活安排结算金额和期限，资金方见信兑付。

4. 风控

数字票据以区块链为技术基础，运用非对称加密和时间戳技术，可以对票据发行和交易所有参与者的信用信息进行有效、可信的搜集，并对信用风险进行实时评估，提高信用风险的管控能力。同时，企业信用的支付是基于真实贸易背景的，构建完全透明的数据管理体系，就能防范信用超发风险及各种道德风险。

这种模式把整个商业体系中的信用变得可传导、可追溯，打通了整条产业链，整合了产业链内的企业用户，为大量原本无法融资的中小企业提供了融资机会，极大地提高了票据的流转效率和灵活性，降低了中小企业的融资成本，实现了产业链上的多方共赢。

067. 比特币可以用于支付吗？

比特币是一种数字资产，可以用于支付。如今，很多商家都通过第三方支付机构间接接受比特币，这种做法把交易限定在第三方平台内，交易时不用真的转比特币，只要双方资产数字发生变化，即实现了比特币的"秒到账"。

用比特币支付操作很简单，一般是打开手机上的比特币钱包扫描二维码，或点击比特币地址跳转到 PC 客户端进行支付即可。不同于微信、支付宝等在线支付，使用比特币支付，扫码后会展示出比特币的实时汇率，买卖双方确认后再进行支付。

目前，比特币在部分国家可以用于支付。这里就来介绍一下德国、日本、俄罗斯和美国的比特币支付情况。

1. 德国

德国是比特币合法化的"始发站"。早在 2013 年 8 月，德国财政部就认可比特币为合法的私有资产，拥有者可以使用比特币缴纳税金或做其他用途。德国对比特币的包容度一直都较高，2016年，德国国内的能源巨头Enercity就宣布接受比特币支付，居民可以用比特币支付电力、燃气、供暖和饮用水账单；同年，国家认证的私人商业大学柏林ESMT，首次接受比特币支付学费和其他所有费用。

2. 日本

日本是比特币支付的主战场。2017年4月1日，日本内阁正式签署的《支付服务修正法案》生效，比特币等虚拟货币支付手段的合法性得到承认。自此，日本迅速崛起并占据了比特币市场的主导地位，以极其友好的姿态拥抱比特币支付。日本比特币支付日渐兴盛，其使用量远超商家预期，接受比特币支付的企业有：首家廉价航空公司乐桃航空、最大的事故车辆交易网站塔屋、著名的胶囊旅馆等。

3. 俄罗斯

俄罗斯对比特币的态度经历了一个转变，从抨击到拟接纳比特币为合法的金融工具。Ulmart是俄罗斯最大的电子商务公司，每个月网站的浏览量超过2000万人，从2017年9月1日开始，一些数额比较大的商品允许使用比特币支付；著名的跨国快餐品牌"汉堡王"俄罗斯直营店也增加了比特币的结账方式。

4. 美国

目前各州对待比特币的态度不一，还没有形成共识。在为客户和员工引入比特币方面，安永取得了巨大成功。安永在全球约有23.1万名员工，不仅为瑞士员工提供了安全的数字电子钱包应用程序，还为资金流动比较大的用户或员工在瑞士办公室安装了比特币ATM机，便于客户和员工购买、销售比特币。最重要的是，安永的所有咨询服务都可以用比特币支付。

截至目前，接受比特币支付的企业分布于十几个国家和地区。在面对即将到来的由数字资产和区块链技术带来的技术变革中，越来越多的政策法规都体现出当地政府对比特币的包容性,以及企业对比特币的友好。

068.
比特币支付有哪些优势?

支付是货币的基本职能,一个支付系统的优越性主要取决于它作为货币的性质。比特币之所以能够用于支付,是因为其具有这样几个优势:

1. 超越了黄金限制和法币权力的弊病

从本质上看,比特币和法币都是人造货币,相对于黄金的优势在于摆脱了自然属性的限制,如储存、运输、分割、称量、检验、磨损等,大幅减少了使用的麻烦或成本,提高了经济效率。但是,法币依赖国家权力代替了黄金,在提高经济效率的同时,也让使用者付出了代价。

比特币系统提出的目标之一,就是摆脱国家权力的控制。比特币通过分布式验证机制、区块链技术、非对称加密技术和工作量证明机制成功建立了不依赖任何权力机构的公众货币体系,不仅消除了以上权力的弊病,还保留了法币相对于黄金的主要优势。

2. 消除了法币的巨额制度实施成本和汇兑成本

法币系统不仅存在国家权力控制的弊端,还需要付出相当大的运行成本,主要是制度实施成本和国际汇兑成本。而比特币则几乎完全消除了这些成本。比特币超越了国家权力,没有物理介质,甚至无须携带,只要用户知道自己的私钥,就可以"带"着比特币到世界各地,在接受比特币的商铺自由支付。比特币没有汇款成本,没有兑换成本,没有汇率波动,不受金融大鳄盘剥，不是国家冲突中可供一国任意驱使的武器。这么看比特币简直可以称为完美"货币"。

3. 能以更低代价实现信用扩张

在记账货币系统中，通过货币的借贷活动，能够使市场上的货币供应量成倍增长。比如，甲将100万元纸币存入银行，其账户增加100万元可以记账支付，而银行将其中80万元纸币借给乙，乙就有了80万元用于支付，市场上总支付能力就变成了180万元；如果乙继续存银行，产生新的贷款，还将不断增加货币供应。

因此，在现代货币体系中，市场上的货币供给大多数来自商业银行的信用扩张。信用扩张可以看作比特币系统的延伸，这种延伸在比特币生态中加入了人际信任，使系统运行有了类似法币系统的制度成本。但是，由于比特币系统的技术优势，在同样的信用扩张规模与深度下，制度成本要远低于法币系统。这是比特币的巨大优势。

069. 支持比特币支付的商品有哪些？

随着认同比特币人数的急剧增加，很多创业公司甚至主流网络已经开始支持比特币支付。这些公司的认同对于比特币来说是一件好消息，而比特币拥有者对这些公司也比较慷慨，支持和捐赠都不在话下。比如，58比特币认为，全球比特币爱好者超过百万人，已是一个不容忽视的群体。善于想象的比特币铁杆粉丝甚至已经在尝试建立仅支持比特币支付的实体社区了。

互联网网站和服务提供商对比特币的接受程度最高。例如，专注于用户生成内容的社交新闻和娱乐网站 Reddit 于 2013 年 2 月开始接受用户使用比特币购买 Reddit 的金牌服务；免费社交网站 Ok Cupid 从 2013 年 4 月开始接受用户使用比特币购买其服务。

2013 年 4 月上线的比特币时尚商店 Bitfash 成为全球首个支持比特币支付的时装网站，用户在上面可以直接购买到 Zara（西班牙服装品牌）、Forever21（美国服装品牌）和 Mr Porter（美国著名线上男装精品店）的产品，并陆续有其他时尚品牌加入。

| 第08章 |

区块链到底长什么样?

区块链技术是比特币的底层技术,比特币在没有任何中心化机构运营和管理的情况下,多年运行非常稳定,没有出现过任何问题,所以有人注意到了它的底层技术,并把其提取出来,称为区块链技术,或者分布式账本技术。为了更清楚地了解区块链,本章将讲解几个主要的相关问题:区块链技术的时间节点及成果、区块链是制造信用的机器、区块的连接、区块数据的相关定义、最长区块链等。

070.
区块链技术有哪些时间节点及成果？

区块链技术也叫分布式账本技术，是一种互联网数据库技术。区块链源自比特币，不过在这之前，已经有多项跨领域技术，它们都是构成区块链的关键技术；而现在的区块链技术与应用，也已经远超比特币区块链。

区块链技术的出现，是为了去除银行类等中心机构的信用背书。追溯区块链技术的发展历史，首先就是想到比特币。比特币是第一个采用区块链技术打造出P2P电子货币的系统应用，但比特币区块链并不是一项全新技术，而是过去数十年技术累积的结果。比特币区块链的实现基于零信任基础，是一个真正去中心化的分散式系统，解决了三十多年前由美国计算机科学家莱斯利·兰伯特等人提出的"拜占庭将军问题"。

区块链是比特币的底层技术，但不限于底层技术。下面我们就从"拜占庭将军问题"开始说起，按时间顺序介绍一下区块链技术的发展及成果。

1982年，莱斯利·兰伯特等人提出"拜占庭将军问题"，把军中各地军队彼此取得共识、决定是否出兵的过程延伸至运算领域，设法建立具有容错性的分散式系统，让多个基于零信任基础的节点达成共识，并确保资讯传递的一致性，这样即使部分节点失效，也依然能确保系统的正常运行。同年，资料加密专家大卫·丘姆提出，注重隐私安全的密码学网络支付系统不可追踪。这些是之后比特币区块链在隐私安全方面的雏形。

1985 年，尼尔·科布利茨等人提出了椭圆曲线密码学，首次将椭圆曲线用于密码学，建立了公开金钥加密的演算法。采用椭圆曲线密码学，可以用较短的金钥，达到相同的安全强度。

1990 年，资料加密专家大卫·丘姆基于先前理论打造出了不可追踪的密码学网络支付系统，这就是后来的 eCash（电子货币），不过 eCash 并不是去中心化系统。同年，莱斯利·兰伯特提出一种基于消息传递的一致性算法 Paxos。这个算法被认为是类似算法中最有效的。

1991 年，Stuart Haber（司徒拔·哈柏）与 W. Scott Stornetta（史考特·斯托涅塔）提出，用时间戳确保数位文件安全的协议，之后被比特币区块链系统所采用。

1992 年，Scott Vanstone（斯科特·旺斯通）等人提出椭圆曲线数位签章演算法。

1997 年，Adam Back（亚当·巴克）发明 Hashcash（杂凑现金），是一种工作量证明演算法，其依赖成本函数的不可逆特性，容易被验证但很难被破解，最早被应用在阻挡垃圾邮件上。

1998 年，美国密码学专家戴伟的论文阐述了一种匿名的、分布式的电子现金系统 B-money，引入工作量证明机制，强调点对点交易和不可篡改特性。同时，尼克·萨博提出工作量证明机制，用户竞争性地解决数学难题，将解答的结果用加密算法串联在一起公开发布，就能构建出一个产权认证系统。

2005 年，哈尔·芬尼把工作量证明机制完善为一种"可重复利用的工作量证明"，结合电子现金系统 B-money 与 Adam Back（亚当·巴克）提出的 Hashcash 演算法来创造密码学货币。

2008 年，日裔美国人中本聪发表《比特币：一种点对点的电子现金系统》白皮书，详细阐述了对电子货币的新构想，即在不具信任的基础上，建立一套去中心化的电子交易体系。此后，国内外各大金融机构争相研究比特币底层技术区块链，努力寻求区块链技术的实际应用。

2012年，市场去中心化可以作为货币以外的数位资产转移，如股票、债券。彩色币是基于比特币区块链的开源协议，可以在区块链上发行多项资产。

2014年，区块链技术已经能够实现更复杂的智慧合约，因而可以应用于政府管理、医疗、科学、文化与艺术等领域。

2016年，强调代币（货币桥）应用、分散式账本、资料层区块链，以及结合人工智慧等金融应用。

2017年，被称为区块链技术应用元年。在金融方面，中国各个银行都对区块链技术进行了落地应用，如中国银行、邮储银行、招商银行、民生银行等。能够被众多银行落地应用，源于区块链技术天生与金融行业存在极高的契合度。在其他行业，区块链领域的初创公司数目急剧增加。比如，硅谷就发生了大量区块链技术的创新和应用；风投也带着大量的资金进入该投资领域。

2018年，是区块链真正与实体经济结合并爆发的一年，区块链技术落地速度加快。一方面，"单一中心化管理＋去中心化协作"的区块链应用如雨后春笋；另一方面，传统区块链应用项目逐步吸纳代币、通证机制，代币项目逐步与实体经济融合。

需要强调的是，一项新技术能否最终落地，取决于诸多复杂因素，关键的一点便是合适的应用场景。要找到相应的应用场景，就要从区块链自身的技术特性入手。专业人士认为，2018年及更长时间内，可能深入使用区块链技术的应用场景包括：金融服务尤其是供应链金融、物联网、内容版权、资源共享、经济预测、权属及征信管理等。

同时，区块链技术应用场景应遵循四大原则。一是多信任主体。区块链是信任机器，应用环境最好是相互之间没有天然信任关系（如不同企业主体之间），需要通过区块链来搭建信任。反之，如果双方是强信任关系，或已有完善的制度保障，使用区块链的必要性就不大。二是多方协作。如果该场景协作方多，对账成本高，而区块链底层的共享账本之上搭建的智能合约能够降低对账成本，从而提升效率。三是中低频交易。区块链目前的并发性和扩展性还不足以应用于大规模高频交易，如股票交易所。四是商业逻辑完备。区块链节点之间一定要有完备的商业逻辑，形成多赢局面，参与者才有动力使用整条区块链。

071.
为什么说区块链是制造信用的机器？

区块链并不是一种全新的技术，而是一系列技术的集成，包括非对称加密技术、时间戳、共识机制等。以比特币为例，区块链通过时间戳和工作量证明机制解决了双重支付和"拜占庭将军问题"，保证同一笔比特币不可能被花费两次；同时，整个去中心化的区块链网络在所有节点间保持一致。非对称加密机制保证了私钥的安全性，时间戳保证区块按顺序连接成链，工作量证明机制解决了在去中心化系统中如何公平地分发2100万个比特币的问题。我们通常认为，区块链主要是通过对等网络、信息加密传输和共识机制，形成公开透明的、不可篡改的分布式可信账本，使价值传输成为可能。所以，区块链也被人们称为制造信用的机器。

那么，区块链是如何产生信用的？

区块链的第一个应用是迄今最成功、最稳定的应用——比特币。该区块链平均每10分钟就会产生一个记录在这期间发生的所有交易区块，每个区块不会固定由谁记账，而是通过计算一定难度的哈希值来争夺记账权，且区块记录后会向全网广播，每一节点都会有该区块的内容；同时，通过哈希指针使区块之间按时间序列连在一起，这些区块都会受到其他节点的核查验证。矿工也会在记账时通过哈希指针核对每一笔交易的合法性，如果出现双花，就不会被打包进区块。人们在购入比特币时，可以看到购入的比特币是从哪个地址来的、之前的交易历史，以及何时被其他区块确认并写入。如此，购入比特币时就取得了大家的信任。

所谓非对称加密技术，即信息发送方加密后发送给接收方，只有接收方能够解密，包括发送方在内的其他任何人都不能解密。时间戳和工作量证明机制，主要是链上节点通过计算机运算能力去计算某个符合条件的哈希值并通过一定的时间序列来取得记账权并记账，将区块信息向全网广播，接受其他节点验证后，最终被接受，成为有效区块，实现区块信息的分布式存储。

再举个例子，当我们要把信息保存在区块链上时，并没有中心化机构来接受保存请求，而是将信息加密后向区块链上的节点进行广播。矿工节点收到信息后，会通过一定的规则来取得记账权，将该交易请求记入区块，之后再向全网广播，得到其他节点的确认并验证后，交易请求会被记载在区块链上。如此，该文件就在每一节点中拥有了这一记录。需要验证相应信息时，将该信息的哈希值与区块链上保存的哈希值对比，二者一致，就可认为是真实信息。而这些过程对计算机来说，仅是一个简单的计算，只需单击一下鼠标即可完成。

区块链的信用来源于不可篡改的信息记载，比特币区块链矿工通过计算符合一定难度的哈希值来取得记账权，交易信息会通过链式区块的形式得以保存，之后向全网广播，接受全网的验证核查，之后得到确认。由此可见，区块链的信用是来自以去中心化方式记录的非对称加密技术保证的信息记载，且不可篡改。

072.
区块是如何连接成区块链的?

区块链由一串使用密码学算法产生的区块连接而成,每个区块上都写满了交易记录,区块按顺序连接在一起形成一个链状结构,也就是区块链大账本。以比特币为例,在生成新区块时,矿工要根据前一个区块的哈希值、新交易区块和随机数,计算出新的哈希值和随机数。也就是说,每个区块都是在前一个区块数据的基础上生成的,该机制保证了区块链数据的唯一性。交易记录的细微变化会彻底改变哈希值的结果,因此进行算力竞争时矿工无法作弊,必须在前一个区块生成后才能借助这一区块数据计算出符合条件的随机数,保证了挖矿的公平性。

中本聪在《比特币:一种点对点的电子现金系统》白皮书中提到,为了解决电子货币的安全问题,可以将时间戳服务器组成一组,以区块形式存在的数据实施哈希后加上时间戳,广播该哈希;每个时间戳都会将前一个时间戳纳入自己的哈希中,之后的时间戳会对前面的时间戳不断增强,继而形成一个区块链。

区块的产生可以这样理解:这种点对点的交易需要记录在一个账本上,于是系统设置了一个功能:每隔10分钟就能产生一张用于记录这些信息的账单(即区块),但是这个账单只能供能力最强的那个人记账,证明他有能力解答异常复杂的数学题(哈希运算)。这种方式,也就是所谓的挖矿。

每个人都要在系统里预留一个地址，一旦最有能力的人率先解出难题，就可以得到区块，当初预留的地址也会自动记录在区块上。同时，为了奖励他，系统会向这个预留地址发放一定数量的比特币。所有区块连接在一起，就形成了区块链。

073. 区块数据的相关定义有哪些？

区块数据的相关定义主要包括区块、父块、区块头、区块体、哈希值/散列值、时间戳、随机数、梅克尔树、区块容量、未花费的交易输出。

1. 区块

区块是在区块链网络上承载交易数据的数据包，是一种被标记上时间戳和之前一个区块的哈希值数据结构，用网络的共识机制来验证并确认区块中的交易。

2. 父块

父块是指区块的前一个区块。区块链通过在区块头记录区块及父块的哈希值来进行时间上的排序。

3. 区块头

区块头记录当前区块的元信息，包括当前版本号、上一区块的哈希值、时间戳、随机数、Merkle Root 的哈希值等。此外，区块体的数据记录还会通过梅克尔树的哈希过程生成唯一的 Merkle Root，记录在区块头。

4. 区块体

区块体记录一定时间内生成的详细数据，包括当前区块经过验证的、区块创建过程中生成的所有交易记录或其他信息，是账本的一种表现形式。

5. 哈希值

哈希值也叫散列值，通常用一个短的随机字母和数字组成的字符串来代表，是一组任意长度的输入信息使用哈希算法得到的"数据指纹"。计算机的底层机器码采用的是二进制模式，通过哈希算法得到的任意长度的二进制值映射为较短的固定长度的二进制值，即哈希值。它是一段数据唯一、异常紧凑的数值表示形式，通过哈希一段明文得到哈希值，即使仅更改该段明文中的任意一个字母，得到的哈希值也是不同的。

6. 时间戳

时间戳从区块生成的那一刻起就存在于区块中，是用于标识交易时间的字符序列，具备唯一性；时间戳是用来记录并表明存在的、完整的、可验证的数据，是每次交易记录的认证。

7. 随机数

在挖矿中，有一种用于挖掘加密货币的、自动生成的、毫无意义的随机数，在解决数学难题的过程中，一旦被使用一次，如果无法解决该难题，该随机数就会被拒绝；而一个新的随机数也会被测试出来，直到问题解决；当问题解决时，矿工就会得到一定的加密货币作为奖励。在区块结构中，随机数是基于工作量证明而设计的随机数字，通过难度调整来增加或减少其计算时间；在信息安全中，随机数是在加密通信中只能使用一次的数字；在认证协议中，随机数是一个随机或伪随机数，可以有效避免重放攻击。

8. 梅克尔树

梅克尔树，又叫哈希树，是一种二叉树，也是一种高效、安全的组织数据方法，可以用来快速查询验证特定交易是否存在，由一个根节点、一组中间节点和一组叶节点组成。其使用哈希算法将大量的书面信息转换成一串独立的字母或数字，底层的叶节点包括存储数据或其哈希值，各中间节点都是其两个子节点内容的哈希值，根节点也由它的两个子节点内容的哈希值组成。

9. 区块容量

区块容量就是承载区块数据的数量，代表了一个区块能容纳多少数据的能力。区块链的每个区块都是用来承载某个时间段内的数据的，各区块通过时间的先后顺序，使用密码学技术将其串联起来，形成一个完整的分布式数据库。

10. 未花费的交易输出

这是一个包括交易数据和执行代码在内的数据结构，是收到的但尚未花费的加密货币清单。比特币和其他加密货币在其区块链技术中使用 UTXO，可以验证一个人是否拥有未使用的加密货币。

074.
为什么说最长区块链才是正确的区块链？

中本聪的比特币白皮书中规定：节点永远都认为最长链才是正确的区块链，并将持续地在它上面延长。所有矿工都在最长链上挖矿，有利于区块链账本的唯一性；如果给用户转账的比特币交易没有被记录在最长链上，用户将可能面临财产损失。什么才是"最长的区块链"呢？世界上的矿工都在同时挖矿，很可能有两个矿工同时计算出正确答案，如此区块链就会形成分叉；

剩下的矿工就会在任意一条分叉上继续挖矿，延长区块链。因此，在比特币转账被打包后，还要经历六个区块的确认，确保矿工不会再回到另一条分叉上挖矿，才算真正转账成功。

通常，为了长久地发展下去，区块链网络会要求所有节点遵守一个公式——所有保存到本地的区块链都要被本地节点验证通过最长链。区块链的每个区块都要引用它的上一个区块，因此最长链是最难被推翻的。

那么，怎么来保证最长链呢？理论上，矿工可以在任意区块的基础上开始计算下一个区块。可是，只有最长区块链上的区块才能获得系统的承认并得到挖矿奖励。打包区块获得的奖励，只有在该区块上被增加后才能获得使用。也就是说，如果矿工挖出了新区块，获得了新生的比特币奖励，只有诞生了 99 个区块后，才能使用这个区块中的奖励，从而保证区块链不发生分裂。

第09章
区块链资产都有哪些特点？

　　区块链资产有四大特点：一是全球流通，二是匿名性，三是去中心化记账，四是不可复制。如何理解区块链资产的这四大特点？通过本章简单扼要的讲解，不仅可以让你理解区块链资产特点，还有助于引发一些更深层次的思考。从某种意义上说，正是因为区块链资产有这些特点，它才成为一种新的"互联网资产"形式。由此可以预测，人类的绝大多数财富最终都将以区块链的方式存在于网络中，这是不可阻挡的趋势。

075.
如何理解区块链资产"全球流通"的特点？

区块链资产首先是基于互联网的，只要有互联网的地方，区块链资产就可以流通。这里的互联网可以是万维网，也可以是各种局域网。所以，区块链资产是全球流通的。甚至，哪怕你在月球、火星上，只要有互联网，就可以进行区块链资产转账。

跟中心化方式比较起来，区块链资产在全球流通的转账手续费非常低。比如，比特币早期转账手续费为 0.0001BTC，其他如 Bitcoin Cash 网络转账手续费为 0.0001BCC，达世转账手续费为 0.002Dash，以太坊的转账手续费为 0.01ETH，非常便宜。相对于传统转账，区块链资产到账也非常快，只要几分钟到 1 小时就能到账。

076.
如何理解区块链资产"匿名性"的特点？

匿名性是比特币的一个基本特性。

区块链资产的匿名性是分不同程度的，任何人都无法知道某人的区块链资产有多少、跟谁进行了交易。这种匿名性能够查到转账记录，但不知道地址背后的人是谁。

达世币和门罗币的匿名性做得更高，即使用户查到了这个地址背后的人是谁，也无法知道其所有的转账信息。

077.
如何理解区块链资产"去中心化记账"的特点？

在区块链网络上转账，不会因为记账机构放假而延迟几天到账；不会因为记账机构要盈利，需要支付很高的手续费；更不会因为记账机构作弊，而遭受损失。

这是因为，区块链资产的记账方式是全网共同进行，给别人转账记录的账本，不会因为转账人这里或对方那里的账本数据丢失而无法统一，因为该账本是全网共同维护的，每个全节点都有备份。如果 A 给 B 转账 0.5 个币，A 和 B 可以一起看到全网的记录数据，包括有没有到账、几个确认了等，透明公正。

078.
如何理解区块链资产"不可复制"的特点？

互联网上的信息传播方式是复制，比如网络著作权一直是个大问题，文字、图片、影像很容易被他人复制，这就给版权所有者带来了很大困扰。区块链资产之所以能够成为资产，重要的一点就是它的不可复制性。

区块链资产是通过加密技术来传递的，区块链资产具有不可复制性。比如，甲转给乙价值1000元的区块链资产，这1000元资产就会从甲的账户转移到乙的账户，甲就不再拥有这些资产了。

第10章
区块链的技术原理

一个设计精妙、实际操作起来简单的共识机制是分布式的体系能够顺利运转下去的关键所在。目前比较知名的共识机制有工作量证明机制（POW）和权益证明机制（POS）。除了讨论上述问题外，本章还讲解了股份授权证明机制（DPOS）、哈希算法、零知识证明、非对称加密算法等。这些可以使你对区块链的技术原理有更加全面深入的了解。

079.
区块链的共识机制是什么？

区块链的底层一共由四部分构成：一是分布式的数据库，用来存储以往和将来的交易数据；二是密码学的公、私密钥体系，用来确认交易双方的身份；三是 P2P 网络，用来广播各类消息；四是共识机制，用来决定节点记账权力。在区块链中，共识机制占据着重要的地位，决定着谁有记账权力、记账权力的选择过程和理由。

如果说共识是区块链的基础，那么共识机制就是区块链的灵魂。所谓共识机制，就是在一个时间段内对事物的前后顺序达成共识的一种算法。1998 年，密码学专家戴伟发明了匿名的、分布式的电子加密货币系统 B-money，实现了点对点的交易和不可更改的交易记录。虽然密码学占据了区块链的半壁江山，但共识机制是保障区块链系统不断运行下去的关键。

共识机制是解决达成共识的依据，使得去中心化体系能够维护同一账本。区块链的伟大之处就在于：在去中心化的思想上，它的共识机制解决了节点间互相信任的问题。区块链之所以能够在众多节点达到一种较为平衡的状态，就是因为共识机制。

共识机制就像法律一样，维系着区块链世界的正常运转。在区块链上，每个人都会获得一份记录链上所有交易的账本，产生一笔新的交易时，每个人接收到该信息的时间都不一样，居心不良的人就会发布一些错误信息，因此就需要把所有人接收到的信息进行验证，公布正确的结果。

去中心化的共识机制是如何实现的？在去中心化的结构体系中，各参与方的地位都是平等的，出现分歧时，如何达成共识也就成了重要问题。试想：如果你和同学、老师、校长之间的地位是平等的，在报名环节就最有可能和同学、老师、校长共同商议具体细节。这种协商后达成的规则，就叫作共识机制。

080.
工作量证明机制（POW）是什么？

工作量证明（Proof of Work，POW），简而言之就是一份证明，用来确认你做过一定量的工作。

对工作的整个过程进行检测，一般都是非常低效的。而通过对工作结果进行认证来证明完成了相应的工作量，则是一种高效的方式。比特币的工作量证明，是挖矿所做的主要工作。正如现实生活中的毕业证、驾驶证等，也是通过检验后所取得的证明。

工作量证明系统或协议、函数，由辛西亚·沃克（Cynthia Dwork）和莫尼奥尔（Moni Naor）于1993年在学术论文中首次提出，是一种应对拒绝服务攻击和其他服务滥用的经济对策。发起者要进行一定量的运算，需要消耗计算机一定的时间。之后，这个名词在1999年被正式提出。

哈希现金是一种工作量证明机制，由亚当·贝克在1997年发明，主要用于抵抗邮件的拒绝服务攻击及垃圾邮件网关滥用。在比特币之前，哈希现金主要被用于垃圾邮件的过滤,也被微软用于 hotmail、exchange、outlook 等产品中;还被哈尔·芬尼以可重复使用的工作量证明形式用于比特币之前的加密货币实验中。另外,戴伟的电子货币、尼克·萨博的比特金等比特币先行者,都是在哈希现金的框架下挖矿的。

工作量证明系统的主要特征是,客户端要做一定难度的工作得出一个结果,验证方很容易通过结果检查出客户端是否做了相应的工作。这种方案的一个核心特征是不对称性,即工作对于请求方是适中的,对于验证方是易于验证的。

工作量证明机制与验证码不同,验证码设计的出发点是易于被人类解决而不易被计算机解决。举个例子,给定的一个基本字符串"Hello, world!",我们给出的工作量要求是:可以在该字符串后添加一个叫 nonce 的整数值,对变更后的字符串进行 SHA256 哈希运算,如果得到的哈希结果以"0000"开头,则验证通过。为了达到这个工作量证明目标,就要不停地递增 nonce 值,对得到的新字符串进行 SHA256 哈希运算。按照这个规则,要经过 4251 次计算,才能找到恰好前 4 位为 0 的哈希散列。

就工作量证明的过程来说,可以把比特币矿工解这道工作量证明谜题的步骤大致归纳如下:生成 Coinbase 交易,并与其他所有准备打包进区块的交易组成交易列表;通过 Merkle Tree 算法生成 Merkle Root Hash,把 Merkle Root Hash 及其他字段组装成区块头,将区块头的 80 字节数据作为工作量证明输入;不断更改区块头中的随机数;对每次变更后的区块头做双重 SHA256 运算,将结果值与当前网络的目标值进行比较,如果小于目标值,则解题成功,工作量证明完成。

081.
权益证明机制（POS）是什么？

权益证明机制（Proof of Stake，POS）也属于一种共识证明，它类似股权凭证和投票系统，因此也叫"股权证明算法"，由持有最多的人来公示最终信息。该机制是由一个化名阳光国王的极客于2012年8月推出的，采用工作量证明机制发行新币，采用权益证明机制维护网络安全，首次将权益证明机制引入密码学货币。

在权益证明机制下，矿工都可以挖到数据块，不用使用任何矿池导致出块集中；同时，只有持有PPC的人，才能进行挖矿，参与网络安全的维护，不会出现利益错位等问题。

权益证明机制是目前最好的维护网络安全的方案，从根本上解决了工作量证明机制在维护网络安全方面的先天不足。

首先，在权益证明机制下，集中挖矿能力进行网络攻击，比获得算力困难得多。通过算力攻击比特币，大约需要2亿美元。比特币是权益证明机制，维护网络安全，即使要买入10%的比特币，也需要6亿美元。而且，买入如此多的比特币，比特币的价格必然会大幅上涨，实际成本要远高于6亿美元。比特币如果再减半几次，权益证明机制所带来的安全性就会高于工作量证明机制100倍以上。

其次，只有持有货币才能进行权益证明的挖矿，不存在利益错位问题。

只有持有 PPC，才能威胁到网络安全，如果用户同时持有 PPC 的空头仓位，对网络造成威胁，造成价格下跌，同样无法获利，不过是进行了对冲而已。

最后，权益证明机制维护网络安全的成本远低于工作量证明机制。PPC 权益证明机制的挖矿奖励，只要年化 1%，就能带来极高的安全性。目前，比特币的通胀率是 13%，其安全性并不比 PPC 高。

PPC 带来的权益证明机制日趋完善，赢得了市场的广泛支持，为了维护网络安全，到 2014 年几乎所有的新币都引入了权益证明机制。很多纯工作量证明机制的老币也纷纷修改协议，"硬分叉"升级为权益证明机制。所有的这一切都说明，权益证明机制正在成为市场主流，在维护网络安全方面完全有可能取代工作量证明机制。

工作量证明会带来一定的能源消耗和其他缺陷，越来越多的区块链项目抛弃了过去单一的工作量证明，实行"工作量证明机制 + 权益证明机制"的混合共识机制。

目前，引入权益证明机制的虚拟币主要有两类：一类是"工作量证明机制 + 权益证明机制"，通过工作量证明机制铸造新币，通过权益证明机制维护网络安全；另一类是通过 IPO 方式发行新币，再通过权益证明机制来维护网络安全。比较起来，前一类机制不仅是最完美的，也是未来密码学货币领域的主要模式。

082. 股份授权证明机制（DPOS）是什么？

股份授权证明机制（Delegated Proof of Stake，DPOS）又称受托人机制，是一种全新的保障加密货币网络安全的算法。DPOS 会给持股人一把能够开启所持股份对应的表决权钥匙，可以实现持股人盈利的最大化、维护网络安全费用的最小化、网络效能的最大化、运行网络成本（带宽、CPU 等）的最小化。

DPOS 的原理是：让每个持有比特股的人进行投票，由此产生 101 位代表，也就是 101 个超级节点或矿池，彼此的权利是完全相等的。DPOS 类似于议会制度或人民代表大会制度，如果代表不履行他们的职责，就会被除名，网络会选出新的超级节点来取代他们。DPOS 的出现得益于矿机的产生。

在 DPOS 系统中，中心化现象仍然存在，但它是受约束的。不同于其他保障加密货币安全的算法，DPOS 体系里每个客户端都能决定谁能被信任，不必信任拥有最多资源的人，不仅能获取中心化的一些主要优点，还能维持去中心化的本质。系统会通过公平选举的方式进行强化，让每个人都有机会成为代表大多数用户的受托人，不仅能解决比特币采用的传统工作量证明机制、点点币和 NXT 采用的股份证明机制等问题；通过实施科技式民主，还能抵消中心化带来的负面效应。

083.
哈希算法是什么？

先举个例子。

生活在世上的每个人，为了参与各种社会活动，都要设定一个识别自己的标志。名字或身份证虽然能证明你这个人，但这种代表性非常脆弱，因为重名的人很多，身份证还能伪造。最可靠的办法就是，将一个人的所有基因序列记录下来，但这样做并不实际；指纹看上去也不错，但代价太高。

对于在互联网世界中传送的文件来说，如何标志文件的身份同样重要。比如，下载一个文件，在文件的下载过程中会经过很多网络服务器、路由器的中转，如何保证该文件就是我们需要的呢？我们既不可能对文件一一进行检测，也不能利用文件名、文件大小等容易伪装的信息，这时就要使用类似于指纹的标志来检查文件的可靠性，这种指纹就是现在所用的哈希算法。

哈希算法，又称杂凑算法、散列算法，是一种从任意文件中创造小数字"指纹"的方法，就是以较短的信息来保证文件的唯一性，这种标志与文件的每一字节都有关系，且无法找到逆向规律。因此，一旦原有文件发生改变，其标志值也会发生改变，从而告诉文件使用者当前的文件已经不是你所需求的文件。

这种标志有何意义？上例的文件下载过程就是一个很好的例子。如今，为了提高文件的可靠性，多数网络部署和版本控制工具都在使用散列算法。

同时，在使用文件系统同步、备份等工具时，使用散列算法来标志文件唯一性可以减少系统开销。

当然，作为一种指纹，哈希算法最重要的用途在于给证书、文档、密码等高安全系数的内容添加加密保护。此用途主要得益于哈希算法的不可逆性，具体体现在：用户不仅无法根据一段通过散列算法得到的指纹来获得原有文件，也不可能简单地创造一个文件并让它的指纹与一段目标指纹相一致。

目前，流行的哈希算法包括 MD5、SHA-1 和 SHA-2。

1.MD5

MD5 是 Rivest 于 1991 年对 MD4 的改进版本。MD4（RFC1320）由麻省理工学院的罗纳德·L·里德斯在 1990 年设计，MD 是 Message Digest 的缩写，输出为 128 位。MD4 不够安全，MD5 对输入以 512 位进行分组，输出 128 位。MD5 比 MD4 复杂一些，计算速度慢一点，但是更安全。

2.SHA-1

SHA（Secure Hash Algorithm）是一个哈希函数族，由美国国家标准与技术研究院（National Institute of Standards and Technology，简称 NIST）于 1993 年发布第一个算法。1995 年知名的 SHA-1 面世，输出长度为 160 位的哈希值，抗穷举性更好。设计 SHA-1 时，使用的原理跟 MD4 相同，还模仿了该算法。

3.SHA-2

为了提高安全性，美国国家标准与技术研究院设计出了 SHA-224、SHA-256、SHA-384 和 SHA-512 算法，统称为 SHA-2，跟 SHA-1 算法原理类似。

一个优秀的哈希算法，能够实现这些目标：一是正向快速。只要给定明文和哈希算法，就能在有限时间和有限资源内计算出哈希值。二是逆向困难。只要给定（若干）哈希值，在有限时间内很难（基本不可能）逆推出明文。三是输入敏感。原始输入信息只要修改一点内容,产生的哈希值就会有很大不同。四是避免冲突。对于任意两个不同的数据块,其哈希值相同的可能性极小;对于一个给定的数据块,找到跟它的哈希值相同的数据块非常困难。可是,在不同的使用场景中,对某些特点会有所侧重。

084. 零知识证明是什么?

零知识证明是由 S. 戈德瓦塞、S. Micali 和 C. 拉科夫在 20 世纪 80 年代初提出的,指的是证明者在不向验证者提供任何有用信息的情况下,使验证者相信某个论断是正确的。从本质上说,这是一种涉及两方或更多方的协议,即两方或更多方完成一项任务所需采取的一系列步骤。将零知识证明用于验证,能够有效解决许多问题。当然,零知识证明并不是数学意义上的证明,因为它存在小概率的误差,欺骗者可能通过虚假陈述骗过证明者。换句话说,零知识证明是概率证明而不是确定性证明。

零知识的形式定义必须使用一些计算模型,最常见的是图灵机的计算模型。零知识证明需要满足三个属性:其一,如果语句为真,诚实的验证者(即正确遵循协议的验证者)将由诚实的证明者确信这一事实;其二,如果语句为假,有概率欺骗者就可以说服诚实的验证者它是真的;其三,如果语句为真,证明者的目的就是向验证者证明并使验证者相信自己知道或拥有某一消息,在证明过程中不能向验证者泄露任何有关被证明消息的内容。

比如,A 向 B 证明自己拥有某个房间的钥匙,假设该房间只能用钥匙打开锁，其他任何方法都打不开。这时，就可以采取两个方法：一是 A 把钥匙出示给 B，B 用这把钥匙打开该房间的锁，证明 A 拥有该房间的正确钥匙；二是 B 确定该房间内有某一物体，A 用自己的钥匙打开该房间的门，然后把物体拿出来出示给 B，证明自己确实拥有该房间的钥匙。方法二就属于零知识证明，在整个证明的过程中，B 始终无法看到钥匙的样子，能够有效避免钥匙的泄露。

再如，A 拥有 B 的公钥，A 没有见过 B，但 B 见过 A 的照片，二人见面，B 认出了 A，但 A 不能确定面前的人是否是 B。这时，B 要向 A 证明自己是 B，有两个方法：一是 B 把自己的私钥给 A，A 用这个私钥对某个数据加密，然后用 B 的公钥解密，如果正确，则证明对方确实是 B；二是 A 给出一个随机值，使用 B 的公钥对其加密，然后将加密后的数据交给 B，B 用自己的私钥解密并展示给 A，如果与 A 给出的随机值相同，则证明对方是 B。后面的这个方法就属于零知识证明。

又如，有个缺口环形的长廊，出入口的距离非常近，但走廊中间某处有一道只能用钥匙打开的门，A 要向 B 证明自己拥有该门的钥匙。采用零知识证明就是，B 看着 A 从入口进入走廊，又从出口走出走廊，B 没有得到任何关于这个钥匙的信息，但完全可以证明 A 拥有钥匙。

085.
非对称加密算法是什么？

非对称加密算法是相对于对称加密算法来说的。对称加密算法，在加密和解密时使用的是同一个密钥；而非对称加密算法，需要两个密钥来进行加密和解密，这两个密钥是公钥和私钥。

不同于对称加密算法，非对称加密算法需要两个密钥，即公钥和私钥。公钥与私钥是一对，用公钥对数据进行加密，只有用对应的私钥才能解密；用私钥对数据进行加密，只有用对应的公钥才能解密。因为加密和解密使用的是两个完全不同的密钥，这种算法就叫作非对称加密算法。

这里有个能够体现非对称加密算法的工作原理：

甲、乙两人使用非对称加密的方式完成了重要信息的安全传输：首先，乙生成一对密钥（公钥和私钥）并将公钥向其他方公开；其次，甲得到该公钥后，使用该密钥对机密信息进行加密，再发送给乙；最后，乙用自己保存的另一把专用密钥（私钥）对加密后的信息进行解密。由此，乙只能使用专用密钥（私钥）解密由对应的公钥加密后的信息；在传输过程中，即使攻击者截获了传输密文并得到了乙的公钥，也无法破解密文，因为只有乙的私钥才能解密密文。同样，如果乙要给甲回复加密信息，需要甲先给乙公布自己的公钥用于加密，甲自己保存的私钥用于解密。

第11章
区块链扩容和分叉

扩容和分叉是在区块链的发展和运行过程中出现的情形。区块链扩容即通过修改比特币底层代码，从而达到提高交易处理能力的目的。矿工如果不遵从同样的机制，那么就会出现分叉，这种分叉又有软分叉和硬分叉两种情况。本章针对扩容和分叉讲解了几个关键性问题：区块链为什么要扩容？区块链该如何扩容比较合适？区块链扩容方式有哪些？区块链扩容最佳解决方案是什么？区块链分叉机制是什么？软分叉和硬分叉是什么？此外还讲解了重放攻击的概念及其防范方法。

086.
区块链为什么要扩容？

在比特币诞生之初，中本聪并没有特意限制区块的大小，区块最大可以达到32MB。当时，平均每个区块大小为1KB至2KB。有人认为，区块链上限过高，容易造成计算资源的浪费，引发DDOS攻击。因此，为了保证比特币系统的安全性和稳定性，中本聪临时将区块大小限制在1MB。那时，比特币用户数量非常少，交易量也不大，不会造成区块拥堵。但随着比特币价格的不断飙升，用户越来越多，比特币网络拥堵、交易费用上升等问题逐渐显现，为了给比特币"扩容"，比特币社区展开了探索，修改比特币底层代码，达到提高交易处理能力的目的。

之所以要进行区块链扩容，主要就是为了让每个人都享有比特币系统带来的巨大便利和优势。根据对比特币网络的理解，区块链扩容有两个划分：清算系统和现金系统。在清算方面，比特币区块链是全球的、分布式的、有限容量的、代价昂贵的，每笔交易的价值含量都不同，如果区块容量不够用，就要保障高价值的交易进入区块。

高价值的交易有意愿、有能力支付足够高的网络手续费，从而获得足够高的优先级区块。随着比特币的繁荣，交易数量会越来越大，有限的区块容量使得低价值交易永远无法进入区块，因为低价值的交易不可能支付高昂的网络手续费。之后，网络就会退化为清算系统，低价值交易就会被赶出，而由第三方记账系统代替完成。

在闪电网络出现之前,第三方记账系统主要是链外钱包提供商。用户信任某第三方钱包平台,把比特币存入其中,同一平台用户之间转账,只能带来账户余额的变更,并不会产生比特币交易。在现金方面,现金系统意味着所有的交易都会进入区块,当区块容量不够用时,就要及时提高块体积限制,对系统进行扩容。短时间内可能发生交易入块堵塞,但长期来看,所有的交易都可以进入区块。

087.
区块链究竟该如何扩容比较合适?

扩容虽然能解决部分区块容量问题,但无法解决比特币交易的根本问题。目前,对于大量的小额交易,用侧链或中心化的交易平台更靠谱。比特币有很多优点,要好好发挥。对于比特币网络的缺陷,不一定要靠比特币自己来解决,而要靠其他技术手段,我们只要利用好它的优势即可。

那么,扩容多少比较合适呢?一是不能太大,要方便网络的传输;二是交易费要随着交易量增加而增加,但每笔交易费可以保持不变,但是不能再减少交易费。未来随着区块奖励的减半,交易手续费必然会成为矿工的重要收入来源。扩容值达到平衡,大家才能都有口饭吃,且不是暴利,整个比特币网络才能平稳地运行下去,直到出现更好的技术来替代它。达不到这个平衡,市场就会调控它,很容易造成比特币价格的崩溃。

区块链扩容的步子不能迈得太大,否则会造成这样几个问题:一是比特币网络传输同步一旦过大,整个网络同步就会变慢,由此就可能导致比特币网络最大的风险——分叉的出现;二是整个计算机处理能力和区块数据存储能力出现问题,会造成节点进一步减少,影响到整个网络的安全性。

088.
区块链扩容方式有哪些?

对于区块链扩容方式,广大的区块链爱好者给出了许多扩容方案,如隔离见证、增加区块大小、分片、闪电网络、Plasma 等。下面,我们就来分析一下这些扩容方案。

1. 隔离见证

所谓隔离见证的扩容方法就是,在比特币主链外面加一个侧链,侧链和比特币主链同时运行。将主链上所有的签名数据都转移到侧链上,主链上的区块就能容纳更多的转账信息,不用增加区块大小。

目前,隔离见证在比特币社区有些争议,因为其动了矿工的"奶酪",即如果甲的转账速度快了,那么乙的转账费用就收得少了,矿工自然不愿意。要想实现隔离见证,所有的钱包客户端都要保持同步;侧链中的签名数据,需要矿工不断维护还是无偿做事,也是需要认真思考的问题。

2. 增加区块大小

增加区块大小是解决扩容最简单粗暴的办法,会直接把区块变大。不过,中本聪之所以要把比特币区块定义为 1MB,就是担心区块太大会涌进很多欺诈信息，造成比特币网络堵塞。

要想增加区块大小，就要从比特币主链分出一条链来更改参数，也就是常说的"硬分叉"，如此就会出现两条并行的比特币链，最终导致区块分裂；同时，随着分叉链的产生，挖矿所需的算力也会更多，大矿池就会逐渐占据较大的优势，使中心化越来越明显。可是，支持该方案的人却认为：增加区块大小，单个区块中的转账数量就会增加，还会增加矿工挖出单个区块所获得的转账费用；而且，如果比特币区块的大小一直都不增加，转账费用就可能不停地增加，最后导致普通人都用不起比特币了。

3.分片

在股权证明共识机制下，矿工无法获得"挖区块"奖励，全部奖励都在于转账手续费，因此为了赚取更多的手续费，他们就得拼命增加区块大小，承载更多的转账信息，不断提升转账速度。

分片技术是一种不错的扩容方式，比如zilliqa项目就是典型代表。简单来说，分片技术就是把以太坊网络分成很多个片区，各个片区独立地运行计算，同步发生，增加计算和转账速度；同时，各个片区之间不能随意进行沟通，需要通过某些特殊协议，确保片区的计算都是独立且同步的。不过，分片技术的实施也会遇到很多瓶颈。比如，需要某种机制来确定哪一节点去运行某个分区，该机制还要保证同步计算和安全性；股权证明共识机制还无法完全地运行，分片技术的实施也不太容易。

4.闪电网络

所谓闪电网络，就是使用状态通道技术来对比特币网络进行扩容，实现快速小额支付。通过状态通道，两方就能顺利进行沟通，应用到区块链上，就能实现区块链上和链下的沟通。所有的计算都能在链下进行，链上只要做好数据记录，就能极大地降低转账速度。比如，为一辆电动车充电，最后的转账金额是40美元，但中间可能涉及多笔转账。如果每笔转账都是在比特币主链上进行的，需要花费多少时间？估计你要疯了。有了状态通道技术，链下就可以完成计算，只要把最终结果记录在主链上，速度就会快很多。

5.Plasma

利用 Plasma 网络，只要不间断地给主链发送报告，就能极大地减少主链压力。主链类似最高法院，Plasma 分支则像地方法院。Plasma 不仅为主链节省了很多空间，也大幅增加了转账处理速度。

089.
区块链扩容最佳解决方案是什么？

从目前已经出现的区块链扩容方案来看，隔离见证是实现区块链扩容的最佳解决方案。原因在于，隔离见证增加了单个区块可以容纳的转账数据，减少了转账费用；转账确认时间变得更快，因为转账数据需要等待区块挖出的时间减少了。此外，隔离见证还不需要使用第三方扩容协议，例如闪电协议，确保了比特币网络的完全去中心化。

隔离见证不强求用户手动升级自己的系统或钱包来接受交易，这确实能为比特币网络第一层协议带来显著改进。因此，钱包平台要利用隔离见证，根据它对比特币协议带来的改变而对自己的应用做出相应更改。

在过去，包括闪电网络的共同作者撒迪厄斯·德里雅在内的比特币专家和开发人员都强调：隔离见证是提高比特币区块容量最实际的方法。经过一系列测试，他们发现隔离见证能够处理的单个区块容量可以达到3.7MB。撒迪厄斯·德里雅写道:"这个新软件不会处理非验证区块,区块容量更大。我手上有一种脚本,在测试网络中可以创造 3.7MB 的区块。它是一个单一区块,与旧区块完全相同,仅多了一些额外要求,容量达到了 3.7MB。"

数据显示,隔离见证能够将比特币区块容量增加到原来的 3.7 倍,以一种既安全又不受争议的方式从原来的 1MB 增加到 3.7MB,这也是隔离见证的 4MB 容量限制意义重大的地方。隔离见证升级之前,接收到的比特币是 400 万个隔离见证单位中的 4 个,相当于每一字节在原始的比特币区块容量中存在 1MB 大小限制。

有了隔离见证交易,交易容量就会减少 4 倍,在 4MB 容量限制前提下,从 4 个单位减少到 1 个单位。因此,从本质上来说,隔离见证钱包和交易能够增加区块容量至 4MB,平均容量为 3.7MB。用户如果想花掉在升级之前收到的比特币,每一验证字节都会计为 400 万个隔离见证单位中的 4 个。

每一字节存在着 1MB 的容量限制,想要花掉在升级之后收到的比特币,每一验证字节将计为 400 万个隔离见证单位中的 1 个,每一字节存在 4MB 的容量限制。可以肯定的是,隔离见证激活后,用户不用进行手动更新。这是因为,大部分企业、交易所和钱包平台都已经支持隔离见证,并将其切换到了激活状态。

090.
区块链分叉机制是什么？

分叉就像手机中的APP，有时候会提醒用户去升级软件，这时只要直接到APP Store中点击升级即可。但是，区块链中没有中心化机构，比特币等数字资产每次代码升级，都需要获得比特币社区的一致认可，如果比特币社区无法达成一致，区块链就可能形成分叉。比如，为了解决比特币的区块链拥堵问题，比特币爱好者于2017年7月提出了比特币现金（Bitcoin Cash）分叉方案，这使得比特币区块链一分为二。

比特币采用的工作量证明机制，就是让矿工互相竞争求解一个数学题，谁先解出来，谁就大喊一声"我的工作量证明成功了，你们快来看"。矿工就会复制一份结果，贴在自己账本的最后，然后开始新的记账过程。

在这个过程中，经常会出现这种情况：两个矿工同时解出了题目，怎么办？在任何区块里，第一条都没有转出地址，就是所谓的挖矿交易（Coinbase）。任何人都不会付给矿工这笔钱，矿工只是理所应当地写上"自己获得了12.5比特币"。如果所有节点都认可矿工这样写，矿工就得到了挖矿收入。在填写区块的时候，不同的矿工数据一定不同，因为每个矿工的第一条都不同，矿工只会把挖矿收入转入自己的地址。

每个矿工的区块数据都不一样，解题得出的结果自然也就不同，但都是正确答案。于是，区块链就会出现两个满足要求的不同区块。那么，矿工怎么办？不同的距离，不同的矿工，看到这两个区块是有先后顺序的。通常情况下，矿工会把自己先看到的区块复制过来，然后再在该区块开始新的挖矿工作。于是，就出现了分叉形象。

什么是分叉？在以工作量证明机制为共识算法的区块链系统中，这个问题是这样被解决的：从分叉的区块开始，不同的矿工跟从了不同的区块，在分叉出来的两条不同链上，算力会有所不同。形象地说，就是跟从两条链的矿工的数量是不同的。

解题能力和矿工的数量成正比，两条链的增长速度也就不同。一段时间后，总有一条链的长度要超过另一条。一旦矿工发现全网有一条更长的链，就会抛弃当前的链，把新的更长的链全部复制回来，并以此为基础，继续挖矿。如果所有矿工都这样操作，这条链就会变成主链，分叉出来被抛弃掉的链就消失了。最终，只有一条链会被保留下来，成为真正有效的账本，最终整个区块链依然是唯一的。

需要注意的是，能够让区块链保证数据唯一性的前提是：所有矿工都遵从同样的机制。

091.
软分叉和硬分叉是什么？

如果矿工不遵从同样的机制，就会出现分叉。这种分叉又分为两种情况。一是软分叉。整个区块链系统的软件升级，部分矿工没来得及升级，就会出现因遵从不同机制而产生的分叉。当这部分矿工升级系统后，分叉就会消失。二是硬分叉。矿工之间出现分歧，采用不同的机制，由此产生出来的分叉不会消失。

由此可见，所谓软分叉，就是区块链系统升级后，在所有节点升级到最新版本之前，由于程序版本的差异，可能会产生的分叉，只要升级到最新版本，分叉就会消除，是临时的。而所谓硬分叉，就是矿工采用不同的机制，拉了一个分支，以"道德"或者"法律"的名义号召大家认可自己的链，形成的分叉，这是永久的。

软分叉很好理解，这里我们重点谈谈硬分叉。

在区块链圈里，第一个有影响力的硬分叉是以太坊的分叉事件。以太坊上的著名项目 The DAO，由于自身漏洞，导致黑客窃取了当时价值约 6000 万美元的以太币。2016 年 7 月，以太坊开发团队修改了以太坊软件代码，在第 1 920 000 个区块，强行把 The DAO 和其子 DAO 的所有资金全部转到特定的退款合约地址上，"夺回"了黑客控制的 DAO 合约币。

部分矿工不认同这个修改，于是就形成了两条链：一条为以太坊（ETH），另一条为以太坊经典（ETC），各自代表了不同的社区共识和价值观。以太坊发生硬分叉后，产生了两条区块链。由于两条链发生分叉之前的数据都一样，结果出现了一个非常有意思的现象：原本持有以太币的人，发现自己不仅持有原有的以太币，还有相同数量的以太坊经典。也就是说，凭空多出了一些资产。这些资产的价值具体怎样，还要依赖于市场交易情况。但总的来说，区块链的硬分叉，没有减少资产，反而让人们手里多了一种资产，如此区块链分叉就成了一种资产凭空增加的方式。

矿工团队在创造分叉的同时，还能在分叉发生的区块中利用自己的特权，给自己或其他人分配一些货币，然后让所有人都参与挖矿。随着硬分叉越来越多，比特币的公信力是否还能像以前一样？这还需要时间来考验。

092. 重放攻击是什么？

这里的"攻击"，不是别人对用户发起的某种侵略或偷盗行为，而是因为比特币区块链分裂后的两条分支链都有相同的地址、私钥和交易格式。用户在分裂点前的币，会自动被分裂后的两条链都承认。

如果用户使用分裂点前的币发起一笔交易，在两条链上这笔交易都会有效。如此，就会显示用户发起了两笔交易，其中一笔就是"重放"。

比如，我国北京有清华大学，台湾地区也有"清华大学"。如果在美国给清华大学写一封信，但收件地址上只写了"中国清华大学某某收"，该收件地址既能解被读为北京的清华大学，也可以解读为台湾地区的"清华大学"。没办法，邮递员只能将信复印一遍，送到两个大学。这就是重放攻击，本来只想寄给北京的清华大学，现在也被送到了台湾地区的"清华大学"。防范重放攻击，就是想办法让用户发出的交易只在一条链上有效，在另一条链上无效，避免重放。

093. 如何防范重放攻击？

一、防范重放攻击的方法

防范重放攻击有两个方法。

一是相信比特币开发者所开发的交易格式是完善了防范重放攻击的代码。也就是说，如果比特币分裂成两条链，任何从分裂点前发出来的交易，都只能在一条链上有效，在另一条链上无效。一笔交易只能在一条链上有效，用户只要在分裂前掌握私钥，把币存在钱包里即可。分裂后，用户分别下载两条链的新钱包，将相同的私钥导入两个钱包，就能获得两种币。

二是让分裂后的两条链上的币"污染"分裂前的币。如果开发者没做好防范重放攻击代码，用户只能自己干。因为分裂后的两条链是相互不兼容的，否则就不叫分裂了。所以，用户完全能从分裂后的两条链上分别买一点币，发到分裂前的地址上，"污染"自己的币。如此，将分裂前的币发送交易时，输入带有了"污染"源，只能在其中一条链上有效。

具体操作也非常简单：分裂前将币存在自己掌握私钥的钱包里；分裂后，去交易所分别买一点比特币和比特币现金，发到地址上；然后，下载一个比特币现金钱包，将私钥导进该钱包。对比特币现金钱包来说，它只能接受到来自分裂后的链上发来的那一点币；对于比特币钱包来说，它也只能接受到来自分裂后的比特币链上的那一点币。这样，两个钱包里的币分别包含了一点来自"未来（分裂后）"的币，导致它们在对方链上都是无效的。如此，用户的币就安全了。

二、防范重放攻击的流程

为了防范重放攻击，用户可以按下列操作流程执行。

第一步，在分裂前，请将自己的币存在自己控制私钥的地址上。比如，使用比太钱包存。使用"导出私钥明文"功能，将私钥抄下来。或者干脆使用比特币钱包存，不需要同步区块也可以。

第二步，为了保险起见，建议一定要存一个只有 0.01 比特币的地址，这个地址里的币就是用来测试的。

第三步，下载一个比特币现金钱包，是否同步区块并不重要，将上述私钥导入这个钱包。（这个步骤可以在分裂后做，也可以在分裂前做。）

第四步，分裂后，到交易所买 0.011 个比特币和 0.012 个比特币现金钱包，一起发到你的地址上就可以了。注意一定要带不一样的小数尾数。

第五步，将你的钱包同步区块，你就会发现，在比特币钱包只能收到 0.011 个比特币，而比特币现金钱包只能收到 0.012 个比特币现金。这两笔交易是不能被重放的，因为它们是来自分裂后的区块。这样你的币就被污染了，以后就不可能被重放了。

第六步，为了更加安全，分别将污染的币发到另一个自己控制私钥的地址上。如此操作，即使这笔交易被重放了，因为目标地址的私钥是自己控制的，也会被重放到自己的地址上。

第七步，使用分裂前做好的 0.01 个比特币的那个钱包来完成测试，然后再将大额钱包做分离。

第12章
区块链项目的分类及应用

目前主流的区块链项目有四类：币类、平台类、应用类和资产代币化。币类项目是区块链资产领域的"交换媒介"，主要有莱特币、新经币、达世币、门罗币、大零币等。平台类项目是以技术平台来满足各种区块链应用开发，主要有以太坊、EOS、CZR等。应用类项目是基于区块链开发平台开发的能够解决实体经济各个领域诸多问题的区块链项目，主要有Augur、Golem等。资产代币化是指将区块链资产和黄金、美元等实物资产挂钩，是实物资产的区块链映射，主要有USDT、DigixDao等。此外，本章还阐述了区块链生态现状、区块链项目的价值，以及如何正确地看待区块链+等问题。

094.
莱特币是什么？

莱特币（Litecoin，简称 LTC）诞生于 2011 年 11 月 9 日，创始人是李启威。这是一种基于"点对点"（Peer-to-Peer，PTP）技术而出现的网络货币，也是 MIT/X11 许可下的一个开源软件项目，能够帮助用户即时付款给世界上任何人。

莱特币的设计基于比特币协议，不同于比特币的地方是：即使是在现阶段，通过消费级的硬件也能高效地挖矿。莱特币提供了更快速的交易确认（平均 2.5 分钟），使用基于 Scrypt（一种加密算法）的挖矿工作量证明算法，面向多数人使用的普通计算机和图形处理器（GPU）。莱特币设计目的之一是提供一种挖掘算法，使它能在挖掘比特币的机器上被同时运行。

随着为挖掘比特币而设计的专用集成电路（ASIC）逐渐兴起，莱特币也不断进行着演变。但在莱特币被广泛应用之前，不太可能出现专门为莱特币设计的专用集成电路。

莱特币的交易原理是：由一个类似比特币的点对点网络，通过 Scrypt 工作量证明方案来处理莱特币交易、结余和发行。莱特币的总量是比特币的 4 倍，共 8400 万个；产量减半时间和比特币一样都是 4 年；共识机制和比特币一样都是工作量证明机制；区块时间为 2.5 分钟，是比特币用时的 1/4，每 2.5 分钟打包一个区块；区块奖励最早是 50 个莱特币，截至 2018 年 1 月，莱特币区块奖励为 25 个莱特币，发行量约为 5400 万个。

第 12 章 区块链项目的分类及应用

095.
新经币是什么？

新经币（New Economy Movement，NEM）诞生于 2015 年 4 月 1 日，是一种点对点虚拟货币。新经币是第一个采用测试驱动开发模式开发出来的数字资产，是新经济运动组织发行的货币代号，基于 Java 编写。其区块链采用全新发明的基于重要性证明（POI）的同步解决方案，是第一个在区块链层面实现多重签名的加密币。

新经币的创立目标是，创建一套全新的数字货币和生态系统。跟比特币比较起来，新经币有着很多区别于其他数字货币的特性。新经币的核心是重要性证明算法（一种基于评估个体贡献在群体中的经济活跃度的共识算法），根据交易量、活跃度等维度决定记账权力，每 60 秒就能打包一个区块，比比特币、莱特币快很多。

新经币是第一个在区块链层面集成实施多重签名的数字货币，新经币的多重签名在客户端中实现，简单明确，容易使用，保障了新经币的多项开发与社区基金遵循严格的管理。其核心代码从 0 构建，各款软件开发以测试驱动的软件工程实践方式进行。如今，新经币核心代码的继续开发和生态链的建设依然在有条不紊地进行。

新经币的总量是 90 亿个，在发布的最初就完成了所有的新经币发行。因此每个新区块不会产生新的新经币奖励，区块奖励仅为交易手续费，对于后进者的激励不够。

096. 达世币是什么？

达世币，原名暗黑币（DASH，原符号DRK、DarkCoin），诞生于2014年1月18日，它在比特币之外开创了新的匿名方式。无预挖，基于11种加密算法，超级安全。该币首次实现了匿名区块转账方式，采用类似于POW+POS的混合挖矿方式。首次引入暗重力波（DGW）难度调整算法保护区块网络。匿名程度较比特币更高。

达世币有三种转账方式：一是像比特币一样的普通转账；二是即时交易，不需要矿工打包确认就可以确认交易，几乎可以实现"秒到"；三是匿名交易，从区块链上看不到是谁和谁进行了转账。

达世币如何进行匿名交易呢？达世币中除了普通节点之外，还有一种节点叫"主节点"，能够回馈投资者多于"10%"的年返利，还可以对每月的预算提案进行投票。当前，达世币预算系统每月都有上万美元的支出，而主节点持有者们会通过讨论，最后以主节点投票方式选出若干最合适的提案，从而促进达世币项目的茁壮成长。

主节点可以提供一系列服务，如匿名交易和即时支付。想进行匿名交易的交易者发起匿名申请，由主节点进行混币，一般是三笔交易一起进行混币。举个例子，一桌人把自己的钱都放在桌子上然后混在一起，再分别拿回相应面值的钱，这样就不知道你手里的钱到底是谁的了，这就是混币。混币后，网络就不知道究竟谁转账给了谁。

作为一款去中心化的加密数字货币，达世币解决了比特币所存在的一些问题。达世币的即时支付技术使得交易几乎能够瞬间完成，这意味着达世币更适合交易。不仅如此，达世币还具有真正的匿名性，没有人能通过数据区块链的搜索来找到用户的购买记录或资金流水。

097. 门罗币是什么？

门罗币（Monero，代号 XMR）是一种创建于 2014 年 4 月的开源加密货币，重于隐私、分权和可扩展性。与自比特币衍生的许多加密货币不同，门罗币基于 CryptoNote 协议，并在区块链模糊化方面有显著的算法差异。

2016 年，门罗币经历了市值（从 500 万美元至 1.85 亿美元）和交易量的快速增长。至 2017 年，门罗币成为交易量排行第六的加密货币，市值超过 3 亿美元。

门罗币的总量为 1844 万个，目前已发行 1562 万个。门罗币的区块大小没有限制，不存在扩容风险。

很多矿工之所以会将门罗币作为挖掘目标，主要在于门罗币拥有两个明显的优势。一是匿名性。门罗币交易提供了更大的隐私保护，进行交易时，除非用户主动表明身份，否则对方永远不会知道与其进行交易的是谁。这里不用提供钱包地址，对方也不可能通过钱包地址来查看用户的钱包资产。二是更好的挖矿算法。门罗币的挖矿算法要精良得多，其不依赖于 ASIC，使用任何中央处理器和图形处理器都可以完成,即使是普通的计算机用户也能参与到门罗币挖矿中。用户甚至还可以利用正常使用计算机时剩余的计算机能力来挖矿,比如,一边玩电脑游戏或看视频,一边赚一笔小额外快。

098. 大零币是什么?

大零币(ZEC)于 2016 年 10 月 28 日发布,是在比特币 0.11.2 版本代码的基础上进行修改的分支,保留了比特币原有的模式。

大零币区别于比特币的地方在于:自动隐藏了交易信息(如发送者、接收者、交易额);拥有私钥,才有权限查看交易信息和内容;用户拥有完全的控制权,可以有选择性地向其他人提出查看密钥。

大零币钱包资金分为两种:透明资金和私有资金。透明资金类似比特币资金,私有资金加强了隐私性。跟私有资金有关的交易是密不可察的,透明资金与透明资金的交易是公开可查的。

大零币的代币供应模式与比特币极其相似。同样拥有一种固定的和已知的发行模式,大约每 4 年产量减半一次。并且和比特币一样,其最大供应量也是 2100 万个。

与比特币相比,大零币的最大特点就是匿名性,交易可以自动隐藏区块链交易双方和金额,只有持有密钥者能够看到具体交易信息。当然,用户可以自行选择哪些人拥有该权限。

为什么说大零币能够实现真正的匿名和隐私保护?很简单,大零币使用了两种技术：一是零知识证明技术，即使货币来源与流向信息完全保密，零知识证明技术仍然可以验证花钱的用户确实拥有货币；二是公共区块链。大零币使用公共区块链用于交易展示，但会自动隐藏交易金额，大零币持有者只要查看密钥，就能观察到相关信息。

099. 以太坊是什么？

以太坊（Ethereum，ETH）是一个开源的有智能合约功能的公共区块链平台。在一个编程系统上，通常会有一些编译和执行的虚拟机做支撑，比如，JAVA 有 JVM，以太坊有去中心化的虚拟机 EVM，能够执行任意复杂的算法代码，处理点对点合约。

2013 年年底，以太坊发布了以太坊"白皮书"，2014 年 7 月开始以太币的预售，圈内人称这种代币发行叫"币众筹"。经过 42 天的预售，以太坊团队预售了 6000 多万个以太币，募集了 3 万多个比特币；还对预售之前参与开发的早期贡献者、长期从事项目研究的开发者分别按照当时以太币发售总量的 9.9% 进行分配。因此，以太坊正式发行时有 7200 多万个以太币。以太坊预售结束后，采用工作量证明机制进行挖矿，按照当时发行总量的 26% 奖励矿工。2014 年 10 月，以太坊将区块的出块时间从 60 秒缩减到 12 秒，目前基本稳定在 15 秒，每个区块奖励 5 个以太币。

以太坊是去中心化的，由全网共同记账，账本公开透明且不可篡改。与比特币不同的是，以太坊是一个可编程、可视化、更易用的区块链平台,相当于一个去中心化的全球计算机,允许任何人编写智能合约和发行代币。

以太坊提供了一套"图灵完备"的脚本语言,开发人员可以直接将C语言等高级语言编程转换成汇编语言,大大降低了区块链应用的开发难度。此外,以太币又被称为以太坊内部燃料,不仅可以用于转账,还能用来支付智能合约的费用。

为了避免以太坊区块链上的垃圾合约和垃圾应用,在以太坊上建立和运行智能合约,就要使用以太币支付智能合约费用。比如,在以太坊区块链上转账用户新创造的数字资产,需要用以太币支付手续费,而不是用户新创造的数字资产。

100. EOS是什么?

EOS(EOS.io)是为EOS.io区块链系统发布的基于以太坊的代币,可扩展性强,支持大规模商业应用。

这是一个由block.one的CTO丹拉里默(Bts、Graphene、Steem创始人)主导开发的类似操作系统的区块链架构平台。目标是建立一个横向和纵向都高度规模化的区块链操作系统,提供各种必要功能和超高的处理能力,让开发者将注意力集中在业务层,实现分布式应用的性能扩展,实现每秒百万级别交易请求,支持数千个商业级的去中心化应用(DApps)。

EOS为用户提供账户、身份验证、数据库、异步通信和在数以百计的中央处理器或群集上的程序调度。该技术的最终形式是一个区块链体系架构，每秒可以支持数百万个交易，普通用户不用支付使用费用。

以太坊是一条公链，在以太坊链上运行的每个应用都会消耗整条链的资源。但 EOS 只是区块链基础架构，开发者可以自由地在 EOS 上创建公链，链与链之间不会影响彼此的资源使用，不会出现因个别应用资源消耗巨大而造成网络大面积拥堵现象。同时，在 EOS 上转账与运行智能合约并不需要消耗 EOS 代币，这能够吸引更多的用户。

101. CZR 是什么？

CZR 指的是标准链。在标准链中文"白皮书"中有这样的阐述："我们希望可以构建一个全新的区块链生态系统——标准链，把区块链技术推向更高维空间的进化和演变，使其最终作为未来世界可选的互联网价值传输协议。通过对分布式技术、P2P 通信、共识机制和智能合约的创新，在芯片物理层及协议层上进行革命，最终使得标准链成为区块链世界连接现实世界的桥梁。"

从技术层面上讲，标准链是通过区块链思想形成的一个去中心化的超级计算机，在由标准链规范的协议上运行，任何可联网的设备（如计算机、手机、手表、车辆、游戏手柄、路灯、智能家居等）或 DOS（如以太坊、EOS 等），都能在标准链上运行并建立连接，互相提供服务。简而言之，就是在超级计算机中，终端设备提供输入/输出服务，数据在物联网中处理，由标准链协议层控制。

标准链是一个便捷、安全、可信任的去中心化运营组织，所有连接设备或系统都可以看作是标准链里的"公民"：他们向其他个体购买生产资料；贡献自己的生产力或生产资料，从而获取报酬；缴纳一定的税收；在共识的规范中博弈。设备或系统在标准链中运营的服务都是分布式的。

在应用方面，标准链的应用场景有以下几类。

1. 平台性应用

在遵循标准链物联网协议的基础上，任何区块链底层操作系统都能运行在标准链系统之上，如比特币网络、以太坊、EOS 等，只要愿意遵循标准链的共识机制或互操作协议，就能运营在标准链里，并使用、调度链上资源。

2. 交互性应用

具有低延时、高可靠性要求的应用就是交互型应用，主要包括车联网、医疗诊断、安防报警等。以车联网为例，在标准链的实现上，任意一个周边设备都可以参与到车联网中，分布式处理周边车辆信息，推算当前的路况和场景。接入标准链后，路灯就能成为一个帮助车辆 GPS 定位的信标；所有路边餐馆收银台的电脑就会成为计算路况和场景的运算中心；路人的手机就能为车辆防撞系统发送警报……在标准链中，这些设备都能为车联网的场景提供计算和服务，同时从中获取收益。

3. 大数据应用

标准链为实现机器学习算法和深度学习网络提供了经济而高效的解决方案，把深度学习网络中的层次合理地分配到不同节点中，节点之间仅交互层与层之间的参数，这样就能加快学习过程，提高学习质量。

102. Augur是什么？

Augur是以太坊上的第一款应用，于2015年6月正式发布，是基于以太坊区块链打造的一个去中心化预测平台。

Augur采用"群体智慧"的概念，具体意思是：一群人的智慧高于这群人中最聪明的人。因此Augur的预测结果往往比较接近事情的真实走向。依靠群体智慧来预判事件的发展结果，可以有效消除对手带来的风险和服务器的中心化风险。

利用区块链全球流通的属性，Augur还创建了一个全球性市场。如何保证每个人都做出理性的预测？用户用Augur代币进行预测和下注，如果预测正确，就能获得对手方的筹码；预测错误，就会损失下注的成本。

103. Golem是什么？

Golem是第一个基于以太坊区块链打造的计算资源交易平台。通过区块链，Golem能够将全球的算力资源进行连接，以实现计算能力的全球共享。应用所有者和个体用户（算力"请求方"）可以点对点地从其他用户处租用算力（算力"供应商"）。目前，算力市场垄断严重，算力"供应商"借助市场优势享受高额利润，必然会导致算力价格居高不下。去中心化的算力交易平台或许可以显著降低算力价格，但其发展却依赖于平台参与者的数量。

Golem代币简称GNT，使用算力资源时需要给算力供应商、软件开发商支付GNT酬劳。GNT总量为10亿个，82%的GNT在市场出售和流通，18%的GNT保留在Golem开发团队手里。

104. 泰达币是什么？

泰达币（USDT）是Tether公司推出的对标美元（USD）的代币。1USDT=1美元，用户可以随时使用泰达币与美元进行1比1兑换。Tether公司执行1比1准备金保证制度，即每个泰达币代币，都会有1美元的准备金，保障对泰达币价格的恒定支撑；某个数字资产单价是多少泰达币，就相当于它的单价是多少美元。

泰达币有两个优势：

1. 稳定币种，避险港湾

若出现整个数字资产市场大回调的极端行情，所有的交易员和投资者都会努力寻找一种稳定币，而泰达币正是这样一种稳定币。

在币币交易中，常见的情况有三种，一是用比特币买入莱特币后，比特币和莱特币都在涨，用户就能享受两份收益；二是用比特币买入莱特币后，比特币和莱特币一个涨一个跌，用户的收益取决于两个币种的涨跌幅哪个更大。任何一个涨幅大于另一个跌幅，就赚，反之，就亏，涨跌幅相等，则不赚不赔。三是用比特币买入莱特币，若出现极端行情，两个币种都跌，用户就要承受两份亏损，这是最让人糟心的。

2. 让币价更加直观

泰达币与美元是等值的，在市场价格波动剧烈时，用户可以将账户中的区块链资产替换成泰达币，起到保值避险的作用。用户可以通过SWIFT电汇美元至Tether公司提供的银行账户，或通过交易平台换取泰达币；赎回美元时，反向操作即可。当然，用户还可以在交易平台用比特币换取泰达币。

105. DigixDAO是什么？

DigixDAO 是一个智能合同套件，由去中心化自治机构（DAO）创建，由 DigixGlobal 部署在区块链上，目的是与社区一起治理并建立 21 世纪以太坊金本位金融平台。

黄金是避险的不二选择，Digix 发行的黄金代币是数字资产世界里的黄金，是基于以太坊发布的黄金代币。以 100% 黄金衡量，能用来兑换纯实的黄金，能够在数字资产世界中起到避险的作用。

这种黄金代币如何实现对标黄金呢？将黄金资产进行上链（指的是区块链）操作。举个例子，用户打算出售 1 公斤黄金，就可以将黄金切割出售，但这样太麻烦，容易形成损耗。其实，用户完全可以将 1 公斤黄金寄到新加坡，再请伦敦金银协会（LBMA）新加坡分会验证黄金；验证合格，用户就能收到黄金资产所有权证书。该数字化证书可以转换为 1000 个 DigixDAO 代币，即 1 个 DigixDAO 代币 =1 克黄金，大大提高了黄金的流通效率。同样，需要提取黄金时，用户只要拥有相应的代币，就能换成证书去提取黄金。

106. 区块链生态现状如何？

过去几年，在互联网行业任何领域的技术类公司都发展得很快，区块链技术、加密货币、代币等销售也非常火爆。2012年至2016年创业者和风险投资人要关注的是中心化交易、私有区块链解决方案、电子钱包等，这些流行的区块链项目主导市场。其中，以太坊凭借自己完整的编程语言（图灵完备），支持开发者自定义区块状态，为智能合约开发铺平了道路，吸引了众多创业团队寻找区块链最大的优势价值资产——致力于形成一个人人共享信任的系统，无中间人或者中心化控制。

目前，在改善区块链功能和用户体验方面，已经出现了很多令人兴奋的项目。但是，市场变化太快，不时就会出现新项目，个人很难对每个项目进行追踪。而且，区分哪个项目属于生态链系统，经常会出现"只见树木不见森林"的情况，需要通过搜索和业内朋友推荐，将关注的所有基于区块链的去中心化的项目整理成一个列表，才能大致看清区块链市场格局。这些项目一共有七大类，分别是：货币类项目、开发者工具项目、金融科技项目、主权类项目、价值类项目、共享数据类项目、可靠性类项目。

1. 货币类项目

货币类项目包括基础层协议、支付、私有等，创建这类项目的目的是建立一种更好的货币，适用于多种复杂场景。虽然比特币是第一个最有名的区块链项目，但为了适应具体场景，很多基于比特币协议的项目都需要修改或调整某些协议。对于不愿意公开购买行为或不想暴露商业交易机密的用户，隐藏交易，使用匿名、不可追踪的加密电子货币非常重要。

2. 开发者工具项目

开发者工具项目包括：智能合约、扩展、安全性、合法、互通性、私有等。这些项目主要用于开发者构建基于区块链技术的去中心化应用。为了让用户通过应用界面直接与协议交互（非金融场景使用），许多设计都需要被规模化验证。如今，开发者正在积极探索涉及扩展和通用性等相关协议的设计。

为了实现用户基于区块链共享信任的使用场景，比如，完全去中心化自治组织或Facebook用户管理自己的数据等，就要不断壮大这些可扩展的基础框架。例如，建立去中心化的数据市场需要一系列开发者工具，不同的区块链开发者工具有着不同的优势。比如，需要使用实现智能合约的以太坊，快速计算的Truebit，代理重加密NuCypher，实现安全的ZeppelinOS，等等。这些协议之间能够相互通信，能够在一个独立应用程序中实现多个协议数据和功能的共享。

3. 金融科技项目

金融科技类项目包括交易、保险、贷款、基金或投资管理等。其中，很多项目发行自己的原生加密货币，于是出现了许多新的经济体。任何使用多种货币的经济体，都需要一个工具用于货币间的兑换等。去中心化交易DEX作为一种开发者工具，许多项目集成了0xProtocol，在一个潜在的代币数量过多的世界中，只有使用多个代币和复杂性被分离出来的应用程序，才能被广泛采用，这是去中心化交易DEX提供的一个好处。

4. 主权类项目

主权类项目包括用户控制、管理、沟通、验证、安全等。在过去的10

年,用户见证了从桌面应用程序到在远程服务器上基于云存储用户信息的应用程序。这些集中式服务是黑客的首要目标,并且经常被黑。虽然区块链依然受到可扩展性和性能问题的影响,但在处理敏感数据上,信任框架的价值依然能够取代性能问题;基于主权区块链构建和发行的主权数字货币,既具备私人数字货币的"数字化"优势,也具备传统货币的"中心化"优势。

5. 价值类项目

价值类项目包括不可替代、内容变现、数据、市场、社交、可替代、文件存储、计算、网状网络、能源、视频等。比特币协议的一个关键设计是在多方之间获得信任,虽然在区块链之外没有任何关系或信任。交易以不可变的方式创建数据,在多方之间共享,随着区块链和加密经济学的应用,使得很多人能够在没有传统公司层次结构的情况下协作并分享合作。如今,为了维持秩序,执行P2P市场规则,交易需要寻找中间商和寻租者。但在许多方面,加密货币可以取代这种信任,削减中间商及其费用,使用户以更低的成本交换商品和服务。

6. 共享数据类项目

共享数据类项目包括互联网相关、供应链、内容发布、信誉、内容维护等。关于"共享数据层模型"可以参考航空业的全球分销系统(GDS)。这是一个集中的数据仓库,所有的航线都会将它们的存储数据发送到数据仓库,最佳协调供应商信息,如航线和价格。

7. 可靠性类项目

可靠性类项目主要包括数据和票据。例如,公证通(Factom)利用比特币的区块链技术,对商业社会和政府部门的数据管理和数据记录方式进行了革新;同时,利用区块链技术,开发各种应用程序,包括审计系统、医疗信息记录、供应链管理、投票系统、财产契据、法律应用、金融系统等的应用程序。

基于整个区块链项目生态系统，新技术必然会扩展到目前所有应用范围。这一代人很可能会幸运地经历人类历史上最让人吃惊的时期，所有人和所有机器会通过区块链技术以前所未有的互信展开空前的大规模协作。

107. 如何判定区块链项目的价值？

区块链可以提升目前的商业效率，那么如何评价一个区块链项目的价值呢？评判一个区块链项目，首先要确认这个区块链属于公有链还是应用链。

如果项目属于公有链，主要评价其性能的好坏，最明显的例子就是以太坊和EOS，主要性能有如下两方面：

首先，在治理方法上，以太坊采用POW模式，容易受攻击，被攻击后解决起来也比较麻烦；EOS采用DPOS机制的石墨烯技术，很难受到攻击，即使受到攻击，也很容易解决。其次，在可扩展性方面，以太坊优化后的处理容量为50至100tx/s；一旦出现大批量应用，很容易堵塞，而EOS可以处理10000tx/s至100000tx/s，采用并行化来扩展网络，处理能力甚至能达到数百万tx/s。

如果项目属于应用链，则要考虑两方面：一是这个项目解决了什么问题；二是市场需求情况如何。比如，Pressone主要解决了如下问题。

（1）由于区块链的特性，利益可以用智能合约来分配，账务公开且不可篡改，保证作者收到的版税为100%，无任何遗漏。

（2）内容分发的三个主要行为是制作、发现和分发，过去的发现和分发由中心化机构完成,而在平台上,由用户自己完成。如此,减少了中心化机构这一环节,甚至连纸张都不需要,大大降低了内容分发成本,作者就能收到更多的版税,用户也可以少花钱。

(3)在平台,内容只有收费和付费两种,用户如果想看,就要付钱,如小说、音乐、影视等;后者是付费求别人看的,如广告。所有的内容都需要付费或者收费,即使很少,但必须大于零。

108.
如何正确地看待"区块链+"?

研究机构在新兴科技探索方面的贡献是企业等主体无法媲美的,原因是"区块链项目技术含量比较高,因此,技术投入相对其他占比较大",很多时候,研究机构总是能够提前一步看到区块链的未来。

随着数字货币、区块链等逐渐进入公众视野,其潜在的技术革新能力也越来越得到众多行业的认可。如今,具备去中心化、不可篡改等特点的区块链,已经不断结合多个行业进行应用。2017年中国区块链产业"白皮书"显示,目前国内已经具有超百家区块链创业公司,直接、间接融资已经紧随美国成为第二大融资地区。

除了上面提到的企业、资本外,在区块链产业发展过程中,还有一个重要主体——技术研究机构。这些"智库"很多时候都隐藏在公众视野外,能最早看到新兴科技的未来。那么,国内的区块链现状如何?未来还能在哪些领域大有作为?若对目前国内现存的区块链研究机构进行深入研究,或许可以得到一些有意思的结论。

目前，区块链应用还处于快速增长阶段，区块链对其他行业优化、改进成效还不是很明显，导致一批观望者还未入局。

调查显示，如今国内有信息可查的区块链研究机构已经超过23家，最早建立研究机构专注于区块链领域的时间可以追溯到2016年，这也是"区块链"概念开始进入公众视野的时间点。建设时间最早的是北京大同区块链技术研究院，它于2016年6月成立，主要致力于打造区块链领域的中国品牌，同年11月获得了大同政府投资。

进入2017年，区块链相关的研究机构建设步伐明显加快，从5月开始，每月都有至少1家新机构入场。高校在区块链研究方面也不甘落后，目前同济大学、复旦大学、南方科技大学、电子科技大学、清华大学等多家高校都参与了研究机构的建设，这有利于充分发挥高校人才与资源优势。同样，作为区块链产业中的最重要一环，除了在企业内部成立技术团队，企业还陆续建立了一些区块链研究院、实验室，比较知名的有万向区块链实验室、火币区块链研究中心等。

政府主导、高校紧随其后，企业如何借力？通过上面分析可见，在数量上，由政府牵头设立的区块链研究机构数量占比最多。区块链目前还处在初级阶段，企业与高校进行产学研方面的合作已经成为一种更快推进区块链产业化的方式。在类型上，专注于某一领域的区块链研究院处于优势地位。可是，与高校纷纷开设互联网相关的专业、课程相比，区块链还没有完全进入全民普及的发展期。从这个角度来说，研究机构的参与度或许还可以成为评判区块链产业是否繁荣的一个指标。

每个革命性的技术从出现到成熟都要经历七八十年的发展时间。例如，互联网从20世纪70年代开始酝酿，经历了三十多年的时间才真正与公众生活完全接轨，区块链从进入公众视野开始到现在时间不长，还没达到成熟的阶段，由此，加大对区块链技术研究，不断更新技术，完成应用迭代，就成了一件重要的事情。

从企业角度看，企业若能从多家研究机构、高校获取创业信息，迅速将用户的需求与技术对接，就能抓住高科技创业企业量产的时机。其中，更高效地了解区块链技术最新动态，参与由政府发起的研究机构事务，积极与高校合作完成产学研转化就显得异常重要。

美国学者彼得·戴曼迪斯在《富足：改变人类未来的4大力量》里说道："世界的科技发展进入了指数发展的阶段。"由此可见，在不远的将来，区块链完全有可能成为下一阶段支撑社会发展的创新技术，延续互联网的发展。但事物的发展不可能一帆风顺，当国内研究机构不断出现，大量的成果不断从机构流转至企业甚至公众生活时，这才标志着区块链生态网络真正创建了起来。目前，这个节点的区块链领域仍是先入局者占先机。

后记

比特币的出现，是历史发展的必然，还是昙花一现的概念？

它将对全球化的进程带来怎样深远的影响？中国又在其中扮演怎样的角色？

它能否生根发芽，以摧枯拉朽之势重建人类社会的金融体系，进而影响世界的政治格局？

与其等待答案，不如给出回答。

与一切新鲜而充满活力的新生事物一样，比特币也是朝气蓬勃的"年轻人"！

参考资料

1. 井底望天,武源文,史伯平,赵国栋.区块链世界[M].北京:中信出版社,2016.

2. 徐明星,刘勇,段新星,郭大治.区块链:重塑经济与世界[M].北京:中信出版社,2016.

3. [美]彼得·戴曼迪斯,[美]史蒂芬·科特勒.富足:改变人类未来的4大力量.贾拥民,译[M].杭州:浙江人民出版社,2014.

4. 许金叶,夏凡,徐毅阳.区块链下资产分布式加密数字化的特征、路径及标准化[J].太原:会计之友,2017(23).

5. 夏建邦.比特币的"罪与罚"——对比特币等虚拟资产须设置监管底线[J].太原:银行家,2017(4).

6. 资料其他来源:红商网、钛媒体、梅花网、百度等网站最新资讯。